打开

儿童阅读的新世界

Open
a New World
of
Children's Reading

章桂芳　著

ZHEJIANG UNIVERSITY PRESS
浙江大学出版社

序

　　书中自有黄金屋，书中自有颜如玉，书中还有金桂芬芳。

　　文如其人，人如其名。拿到这本《打开儿童阅读的新世界》时，我不禁暗叹作者如诗如画的名字。在 20 余年的教育生涯中，作者在阅读这方田地里深耕，收获颇丰，书香若桂。

　　如果给这本书选一个关键词，我会选"深阅读"，这个词阐述了"是什么"的概念；如果选两个关键词，我会选"三轨"和"三型"，这两个词分别回答了"读什么"和"怎么读"；如果选三个关键词，我会选"深度""广度"和"高度"，这三个词解释了作者对阅读的认识。

　　阅读需要深度，有深度的阅读才能拓深思考。你是否曾听过学生抱怨"我不喜欢看名著""一个字一个字读下去，一点儿意思也没有""不就是读了一遍，最多记了好词佳句，还能积累些什么"？对这些学生来说，坐下来翻开书，难；用方法阅读书，好难；读完书再表达，难上加难！对此，作者认为，"索然无味、杂乱无章、表达无语"正是儿童阅读流于浅层的表现，究其根本，则是儿童对阅读的兴趣淡然、方法茫然与积累惨然。"深阅读"

的探究与实践迫在眉睫。

阅读需要广度，有广度的阅读才能打开思路。我们的孩子是如此与众不同，他们的"最佳推荐"也是如此不同：有的爱诗歌，富有韵律美的《飞鸟集》很经典，充满自然美的《打开诗的翅膀》也动人；有的爱故事，冒险故事《绿野仙踪》很好，科幻故事《隐身人》也不错；有的爱剧本，课本上现成的剧本很有意思，自己改写创编的剧本也精彩极了。

细分下去，就"儿童故事"而言，有的喜欢读寓言，有的喜欢读童话。作者抓住了儿童文学体裁中孩子喜闻乐见的三大类——儿童诗歌、儿童故事与儿童剧本具体展开，将阅读方法概括为基础学习型、广域学习型与项目学习型，具体到各个体裁又各有不同。

儿童故事采用"互文比照"基础学习型阅读方法。"互文比照"的类型有很多，可供选择的素材也丰富无比。运用这一类型的阅读方法，我们既可比照相似情节的儿童故事，又可比照相同主题的儿童故事，还可比照同一作者不同风格的儿童故事。

以"相同主题"为例，同为"麻雀变凤凰"类的主题，德国格林兄弟的《灰姑娘》和中国段成式的《叶限》就可互文比照：同样有恶毒狠辣的继母与姐姐，同样有"只有女主角才能穿上那双鞋子并嫁给王子或国王"的情节。但两者在幻想要素上却迥然不同——《灰姑娘》有"榛树与白鸽"相助，穿上的是"水晶鞋"；

帮助叶限的则是富有东方色彩的"神鱼与鱼骨"，而"水晶鞋"也变成了"金线鞋"。

以"同一作者不同风格"为例，丹麦童话大师安徒生早期的《拇指姑娘》等儿童故事带有民间童话浪漫主义的特征，后期的《卖火柴的小女孩》则是明显带有现实批判主义的童话。作者通过对这类课型特征的把握，通过对这类课型课例的探究，摸索出了高参与、高认知、高情意的学教策略。

儿童剧本采用"多维创写"广域学习型阅读方法。在了解剧本创作的方法与要素后，通过改编、续编、创编将所读文章剧本化，通过做手工将剧本角色实体化，通过画导图将剧本情节图像化，通过放音频将剧本场景拟音化。作者通过多维的活动，联系了不同学科，以综合课程的形式调动学生的眼、耳、口、鼻、手、心一道参与读写活动。

儿童诗歌采用"采风运动"项目学习型阅读方法。作家需要采风，音乐家需要采风，小诗人当然也需要采风。在"创作诗歌"的项目驱动下，在实践中切身感受、体会。所谓"学富五车""博览群书"，无不强调了读书广度的重要性，而作者在此基础上更进一步给出了"深阅读"的方法。

阅读需要高度，有高度的阅读才能发展思维。在英国作家斯蒂文森的《点灯的人》中，李利日复一日地点亮家家户户门口的灯，为每一个人送去温暖与快活。一本本书就是前人与今人燃尽心血而成的灯盏，而作者正如点灯人——以她广博的学识、真挚的爱意、满腔的热情与不懈的追求，带领孩子在一次次的深阅读之旅中点亮一盏盏阅读的明灯，为他们未来的人生照明前行的方向，让他们在成长路上不孤独、不迷茫。

作者抱定"昨夜西风凋碧树，独上高楼，望断天涯路"的决心，在深阅读的探究与实践中"衣带渐宽终不悔，为伊消得人憔悴"；而她的学生在前行路上，蓦然回首，会发现"那人却在灯火阑珊处"一路目送。她是点灯人，更是高塔，用自己的存在无声地激励每一个孩子：看见我，跟上我，超越我，越读越深刻，越读越广博，越读越高远，越读越快乐。

期望读者在品读了《打开儿童阅读的新世界》后，别忘了"绝知此事要躬行"，进行有深度、广度和高度的阅读；更期待你接过火种，去点亮更多的灯。星星之火，可以燎原，众人点灯，必能打开令人向往的"儿童新世界"！

滕春友

辛丑年夏至，于杭州午潮山居

（作者系浙江省特级教师、浙江省教育厅教研室副主任）

目 录

总 篇

古语云："腹有诗书气自华。"对于一个民族的发展来说，一个民族的灵魂史，就是这个民族的群体阅读进程；对于一所学校来说，一所学校的发展史，就是它的校园阅读文化建设过程；对于一个人的成长来说，一个人的精神发育史，就是他的阅读史。

随着高考制度的改革，"得语文者得天下，得阅读者得语文"的观点越来越被认同。但阅读能力的提升，语文阅读素养的形成，并非一朝一夕之事。如何"得语文，得阅读"？当你和孩子一起阅读，当你蹲下来和孩子一起交流，你才会真正地了解孩子"哪些是真喜欢""哪些是真不喜欢""哪些是真阅读""哪些是流于形式，完成任务"。

知不足然后去寻找不足的因素，去想办法，让其好好读、读得好。我们倡导"儿童本位"，站在儿童阅读的立场，尊重儿童阅读地位，了解儿童阅读需求，教给儿童阅读方法，开展儿童阅读实践。因为只有在阅读指导中坚守儿童立场，阅读才能真正促进儿童成长；只有在阅读指导中不霸占儿童思维参与的机会，才能欣赏到思维表达的创新美。

第一章　儿童阅读的现状及成因

第一节　当下儿童阅读的现状

　　"一个人的阅读史，就是一个人的精神史。"新教育实验发起人朱永新如此描述阅读的重要性。阅读对于一个人知识的积累和人生视野的拓展，乃至一个人心灵的成长都至关重要。在进入全球化发展和知识型社会的 21 世纪，阅读对于个人成长和发展的意义更为重大。阅读也是儿童终身学习、生命成长的重要途径。

　　自改革开放以来，随着经济的发展和人民生活水平的不断提高，人们越来越重视教育的作用，儿童阅读也受到了极大的关注。儿童读物琳琅满目，日益丰富。特别是互联网的兴起，电子书、手机等工具的出现，将儿童阅读的范围拓展到生活的方方面面。这些不同的儿童阅读载体影响着儿童阅读的习惯和儿童阅读的方式。

在越来越丰富的环境下，儿童随着识字量的增多和知识面的拓宽，其阅读量和阅读水平应该逐步提高，对阅读的求知欲望也应该越来越强。但在中小城市不少学校的调查中，笔者发现儿童阅读的现状日益严峻。以杭州市临平区的5所城镇小学和5所农村学校为例，各校都比较注重孩子的阅读，从调查数据来看，学校开发出的与语文阅读性相关的拓展性课程和拓展性社团均在20个以上。但我们也发现，儿童的阅读还是存在着不少问题。

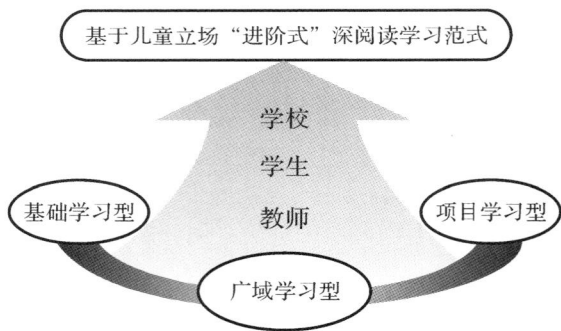

杭州市临平区小学阅读问卷调查分析图

从教师层面看，主要存在以下一些问题。

第一，只关心读，不关心读什么

随着经济的发展，书籍以不可阻挡之势进入了千家万户。面对琳琅满目、应有尽有的书籍，我们该选择怎样的书来读？哪些书适合孩子读？不同年龄阶段孩子可以读些什么？我们在调查中发现，孩子和老师对这些问题都感到很迷茫。更多的孩子往往是父母给买什么书，就读什么书；或者是看到什么好看的书，就拿什么书看。而教师对读物的选择也不够重视，只要求孩子阅读，只关注孩子的阅读量，至于孩子在读些什么却知之甚少。孩子的课外阅读几乎处于"放任自流"的状态。

第二，只关心读，不关心怎么读

从理念层面上，无人不知阅读的必要性和价值所在。在调查中我们发现，很多老师都会要求学生每天回家至少阅读半小时，双休日至少阅读4个小时。这种重视阅读的举措固然值得赞赏，但在重视阅读的同时，我们也发现老师很少关注孩子怎么读。停留于鼓励学生多读书的课外阅读指导，往往缺乏对学生课外阅读有系统、有梯度的规划与设计。老师们让学生做得最多的就是摘录书本中好词佳句与写读后感，而这些阅读任务并不能发展孩子自主阅读的乐趣；不能建立孩子个人与书的联系，形成团体探索的习惯；不能培养孩子的独立思考能力，发展他们自信与自主学习的乐趣；更不能提高学生的文学欣赏与批评能力。更让我们感到担忧的是，学生很有可能对"摘录与写读后感"感到厌倦，从而影响他们对阅读的兴趣。

第三，只关心读，不关心读得怎么样

经过调查，我们发现：首先，孩子很多的阅读时间是走马观花，只满足于对情节的一般了解，没有思考的习惯，更没有交流的习惯。叶圣陶曾经说过："学任何知识，仅仅浮在面上，摄取一点儿概要，是没有多大用处的。"其次，老师要求孩子读，但并没有关注学生是否喜欢读，读后有什么想法，因此老师推荐高年级孩子阅读成人的经典书籍，例如莎士比亚、巴尔扎克、鲁迅等古今中外大文豪的著作。但这样的阅读是孩子的被动行为，没有获得阅读的乐趣。最后，一些老师的推荐更有功利目的：一是为了让学生的知识有一个大幅度的增长，很多老师会推荐百科全书；二是为了能立竿见影地提高学生的写作水平，一些学生优秀习作集也会得到老师们的推荐。至于孩子究竟读得怎样，老师似乎并不在乎。

而从学生层面看，问题主要表现如下。

第一，索然无味，阅读兴趣淡然

阅读的功利性是导致学生没有阅读兴趣的很大一个原因。一般性阅读是基于自己的兴趣和爱好，通过书本、影视、网络等传媒介质去探求未知领域的读书行为；而功利性阅读则主要指为了达到某种预期目的的读书行为。林语堂在《论读书》中对功利性阅读曾有过精妙的论述："读书一向称为雅事乐事，但是现在雅事乐事已经不雅不乐了，今人读书，或为取资格，得学位……诸如此类，都是借读书之名，取利禄之实，皆非读书本旨。"在我们的调查数据中也呈现出了非常普遍的功利性阅读现象。例如，有老师让学生阅读、背诵《三字经》《千字文》《笠翁对韵》等，为了让孩子能够在文章中引经据典；有老师让学生阅读甚至摘抄大量的作文范文、名言警句等，为了快速提高学生的"作文水平"；有老师只让学生读必考书目，为了提高学生的学习成绩……这些"推荐"抢占了学生本来就很稀少的自由阅读时间，阅读成了负担，阅读从有趣快乐变成了令人望而生畏。

第二，杂乱无章，阅读方法茫然

在阅读调查问卷中我们发现，大部分老师只布置阅读任务，缺乏阅读方法的指导。笔者认为，最好的阅读策略当然是让儿童体验自主阅读的乐趣，但如何科学指导、优化阅读、促进阅读也同样重要。因为儿童处于心理发育的初期，他们的思维方式、认知能力还很不完善，所以他们自主选择的阅读内容主要依赖于自己的感官，快速、娱乐、休闲化内容居多，结构也相对单一。据调查，在没有老师、家长指导选择的情况下，大部分儿童的阅读选择标准仍然局限在娱乐休闲的卡通动漫类图书上，选择文学类图书的占 15%，选择科普类图书的占 32%，53% 的儿童喜欢卡通动漫类书籍。所以针对目前儿童缺乏自主阅读能力的情况，指导家长和老师应营造良好的阅读环境，激发孩子在阅读中的想象力和创造力，适度引导孩子自主选择内容，让孩子能够具有自主阅读的能力，能够看懂、领会书里的内容，学会分辨对与错、是与非，学到知识，得到乐趣，从而让他们更进一步成为终身阅读者显得十分必要。

第三，表达无语，阅读积累惨然

《义务教育语文课程标准（2011年）》指出，要"培养学生广泛的阅读兴趣，扩大阅读面，增加阅读量，提倡少做题，多读书，好读书，读好书，读整本的书"。调查中我们发现，为了督促孩子多阅读，各校都采取了一些促进阅读的策略，如阅读考级、阅读换积分、阅读打卡等，但这些策略只关注了"阅读的量"，却忽视了"阅读的质"。调查中我们也发现，很多孩子由于没有系统的阅读评价方式，阅读只是"走马观花""蜻蜓点水"，只关注故事的情节内容，很少思考语言的表达方式，更没有阅读批注和练笔的习惯，导致阅读与表达严重脱节，阅读积累惨然。

课外阅读评价是指根据一定的评价标准，采取各种定性、定量的评价方法，对课外阅读的价值做出判断并寻求改进其途径的一种活动。大部分老师对阅读的评价更多的是采取"阅读考级"，但这样的评价体系过于强调评价的甄别与选拔作用，而忽视了其改进与激励作用；过于注重对结果的评价，而忽视了对过程的评价；过于注重学业成绩，而忽视了综合素质和全面发展。笔者认为，针对不同年段的孩子，既应有不同的阅读内容，也应采取有针对性的阅读评价标准。另外，老师们还忽视了阅读积累是一个长期的过程。只有积累一定数量的阅读，学生才能充分发展他们的主动性和创造力，阅读也才能在积累中逐步深化，从写作到思考，由表及里。如今儿童阅读的主要缺陷是积累不足从而导致内化不足，这一点在阅读教学改革中也被忽视了。

第二节　当下儿童阅读基本上属于一种浅阅读

著名教育实践家和教育理论家苏霍姆林斯基曾说："让孩子变聪明的方法，不是补课，不是增加作业量，而是阅读、阅读、再阅读。"阅读对人，尤其是儿童的发展影响巨大，阅读会影响他们一生的常识认知、习惯养成和人格发展。然而，课外阅读所产生的影响与作用，如果引导不恰当，也可能是消极的。如上文所述，正是教师对阅读内容、阅读策略、阅读质量等方面的忽视，学生在阅读兴趣、阅读方法、阅读积累等方面的缺乏，才形成了当下儿童阅读中让人担忧的种种现状。究其根本，这是一种浅阅读。

一、浅阅读的定义

何谓浅阅读？它一般是指浅层次、简单轻松、以获取信息为主的阅读形式。它的特点是更加便捷的阅读载体，更加自由的阅读时间，更加随意的阅读目的，更加注重形式的阅读方法。相对深阅读而言，浅阅读的阅读主体集中了相对贫乏的注意力，并非一种专业阅读，精神价值或人生意义的获取不是浅阅读的目的，取而代之的是阅读的功利性。

二、浅阅读的表现

在阅读群体中，虽然相较于成人，儿童接触电子产品的时间要少一些，但随着各种微课和慕课的推广，特别是疫情期间网课的开展，儿童阅读的方式也被大大地改变了。

一方面，手机、iPad、电子手表等各种电子产品不断进入校园，让学生也逐步加入电子阅读的行列，特别是高年级的学生只想在碎片化的时间中迅速获得足够的娱乐资源来满足自己的感官需求，而将过度游戏化、娱乐化作为阅读的目的。本就稀少的课余时间被"充实"了，而"快速、快感、快扔"的阅读内容逐渐改变着儿童的思维，也影响着儿童阅读的深入。

另一方面，调查中我们也发现，由于平时学业压力较大，儿童阅读的时间深受限制，这让他们在阅读时喜欢选择内容浅显直白的书籍，一部分孩子在阅读中常常是大致浏览情节，一目十行，阅读的目的往往变成减压，寻求视觉或心理的愉悦。这样的浅阅读状态，也不利于阅读的深入。

与此同时，低年级的儿童由于识字量不多，相比于阅读那些需要多一些探寻和思考的汉字和拼音，孩子更喜欢直白而漂亮的插图，所以"快速地翻看书中的图画，把自己喜欢的地方读一读，不喜欢的就直接跳过"。这样的"读图式"浅阅读在低年级颇为盛行，自然也无法深入进行阅读、思考。

第三节　造成浅阅读泛滥的原因

知其然，更要知其所以然。我们不仅要明确浅阅读"是何"的问题，还要探究浅阅读"为何"的问题。其实，浅阅读之所以泛滥，与社会日新月异的发展以及阅读教学的陈旧不变这两个原因有关。

一、社会发展的大背景

随着阅读媒介越来越丰富，阅读技术越来越先进，知识信息爆炸的时代已经到来，特别是智能手机、平板电脑、电子书等数码产品的普及推动了移动网络媒介使用的日益发展，广播、影视、网络广告每时每刻都围绕着人们，导致无比的压力。每天面对着铺天盖地裹挟而来的各种新鲜信息，读者被迫置身于信息的漩涡中心。面对这样的变化，时间有限、精力有限的人们也正悄悄地在改变着自己原本的信息接收方式，即改变着以往的阅读方式。于是，"碎片化"的浅阅读成了必然。

随着数字时代的到来，以网络媒体为主要介质的阅读载体使得文字越来越短小轻薄，图片越来越眼花缭乱，话语越来越不切实际。在这样的环境下，读者慢慢习惯于使用阅读媒体提供的海量信息的表层思维或者以其引导的价值观来看待事物，于是阅读者的文化心理惰性在这样的阅读环境中日益加剧，从而丧失了阅读深度。

另外，每个人的阅读时间、阅读精力总是有限的，但是信息是无限的，人们又想以便捷的方式获得尽可能多的信息，最后只能倾向于选择"浅阅读"，所以浅阅读也是社会发展的必然结果。可以说，正是信息的呈现方式，要求人们以这种形式来得到信息。

我们也发现，无论是电脑还是手机，很多信息的传播带有强制性和捆绑性，包括影像作品也带有强制性。随着被动地被"绑架"接收信息，当"读图"与"读屏"成为阅读者最重要的阅读方式，当"都市言情"成为智能手机读者最喜欢的电子书类型，阅读者的"精神沙化"日益严重，阅读的本质悄悄地发生了巨变。消遣式的文化消费成了整个社会阅读的特点。在可预见的将来，这种阅读方式还会导致社会的文化断层，人与人之间的知识鸿沟日益加大。

二、阅读教学存在的问题

首先，阅读课重单篇教学，轻整体观照。整体观照指的是在阅读过程中关注整篇的内容，在整体中了解文本内容，理解人物性格，掌握课文主旨，深入理解文本。在阅读教学中，教师若能从整体观照的角度入手引导学生，在整体和局部的转化中引导学生发现文本规律，将帮助学生获得对文章更全面、更深入的认识。

但长期以来，阅读课重单篇的教学，轻整体的观照。我们的阅读教学一直是以"篇"为单位"各自为政"，很少关注篇与篇之间的联系，更不会观照整组单元的主题推进，不利于宏观把握阅读的策略。

课堂中，我们原本希望看到教师能引导学生从一篇过渡到一类文章，从而把握各种文体，进而在下次阅读同类文章时能更快地找到阅读的关键；我们希望看到教师能关注到文本分类的角度，如按照题材分类等，引导学生运用自己的阅读积累，找到更合适的分类角度来阅读。但是，事实上，这样的课堂很少，这是导致孩子阅读不能深入的一个因素。

其次，阅读课重内容分析，轻学法指导。叶圣陶先生说过："各种学科的教学都一样，无非是教师帮助学生学习的一串过程。"又解释说："所谓帮助，主要不在于传授知识，而在于引导学生去求得知识，也就是引导学生自己去发现问题，解决问题。"叶圣陶先生所讲的帮助是以学生为主体，教师教给学生学习的方法，授人以渔。

但只要我们一走进课堂，就会发现教师关注文本内容的分析，对学生阅读方法的指导并没有很好地重视。老师总是通过一个又一个的问题追问，对一段又一段内容进行细致分析，很少给学生自我探究的机会。教师把控着课堂教学，学生没有阅读的主动性。在一些学校中，教师在课堂上滔滔不绝，学生则昏昏欲睡。长此以往，学生的阅读能力可想而知。

笔者认为，一线教师应该通过对阅读方法的研究，让学生掌握阅读的方法，并在阅读实践中，通过反复训练，使学生会学、善学、乐学，真正让学生成为阅读的主人。

再次，阅读课重考试导向，轻儿童需求。《义务教育语文课程标准（2011 年）》提出："学生是学习和发展的主体，语文课程必须根据学生身心发展和学习特点，关注学生的个性差异和不同的学习需求，爱护学生的好奇心、激发求知欲，充分激发学生的主动意识和进取精神。倡导自主、合作、探究的学习方式。"课堂教学最重要的环节是阅读环节，阅读教学如何贯彻新课标理念，这是每一位小学语文教师必须思考的问题。

通过对 1—6 年级在校儿童课外阅读现状的调查，我们发现，影响儿童阅读的很重要的一个因素就是"功利性"阅读。"多学知识、提高学习成绩"，为读书而读书、为分数而读书。这种"功利"影响，造成家庭、学校和社会都要求儿童多读有助于"考出好成绩"的书。要想改变这种局面，需要从改变人们的价值观念、改革社会的评价体制做起，这是一项长期而艰巨的任务。在一定的程度上，很难在短时间内改变这种体制。

于是，我们力图从教师的层面寻找改变的机会。调查发现：考什么教什么，还是当下很多教师语文阅读课堂的常态，老师不从学生的阅读喜好出发，不从儿童的阅读需求考虑，不重视课内外的阅读衔接，导致学生无法拓宽自己的阅读视野，自然也就谈不上语文阅读素养的真正提升。阅读教学中教师要致力于提高学生的自主能力，引导学生学会自主阅读。各个年级的阅读教学，要顺应儿童的需求和规律，循序渐进。

第二章 儿童深阅读的特征

第一节 深阅读的特征

一、什么是深阅读

何谓"深阅读"？笔者所理解的深阅读，一般是指阅读者通过理解、判断、推理、验证和反思阅读内容，以获取准确有效的知识，并与自己已有的知识储存发生联系，完善自己的知识框架的阅读过程。

由此可见，获取知识为主的阅读形式是需要宁静专注的深阅读。深阅读以培养人的思考能力、逻辑能力和感悟能力为核心，除了用眼睛阅读，更要用脑子和心阅读。深阅读要求阅读者和阅读载体深度融合，阅读者对阅读内容有着个性化需求，更有可能带来阅读社群的深度分享互动。深阅读的"深"具体表现在：更深入的阅读内容，更深入的文本信息阅读感悟，更具个性化的阅读形式。个性化的阅读形式意味着阅读者会根据个人不同的阅读经验、不同的阅读基础、不同的阅读能力来选择不同的阅读方式，不同的阅读方式又能帮助阅读者进入思考力更强的深阅读状态。

数字时代改变了阅读的渠道，朋友圈、博客、电子书等各种信息获取的快速通道让阅读的概念变得更加宽泛。以碎片化阅读、网络阅读、微阅读为主体的浅阅读模式成为阅读的新常态。但笔者认为，数字时代仍然可以进行深阅读，深阅读与阅读内容、阅读载体、阅读渠道并没有太多的关联，它更多地取决于阅读习惯和阅读状态。我们完全可以在大量的浅阅读中锁定部分内容深读，同时借助网络平台对阅读体验进行互动交流，以获取更多思想与情感共鸣，从而产生更深入的阅读认知。由此，从阅读的本质出发，笔者认为，如何从浅阅读到深阅读是数字时代探究阅读的新课题。

而论及儿童的深阅读，笔者的脑海里第一时间浮现的是经典阅读。因为经典书籍经历了时间的考验，其精妙的语言更能引发学生的阅读感悟和思考。但即便经过深入的思考，这样的理解还是过于片面。正如前文所说，阅读的"深""浅"与阅读内容、阅读载体的关系不大，深阅读之"深"不是内容的深刻，也不是理解的难度，而是阅读者在阅读过程中对于内容的深入思考与理解，是阅读者在思考过程中与作者产生的情感共鸣，进而获得新的启迪或感悟，甚至创造出新的作品。

所以在研究儿童深阅读的过程中，笔者也没有刻意全部选择经典作品，而是选择儿童喜好的作品，这当中有优秀的经典作品，也有适切的网络作品，笔者觉得只要注意引导儿童对阅读作品进行反复探索，寻求新的启迪，这个研读过程本身就符合深阅读的特征。

二、"深""浅"阅读的差异

由上所述，"深""浅"阅读不是阅读的对立面，而是阅读的两个分立面。"深""浅"阅读意味着阅读内容不同的选择和带来的不同感受。它们能同时存在，并且让人各取所需，但它们也各有差异。

第一，阅读心理不一样

明代学者李贽在《读书乐》中说："读书伊何？会我者多。一与心会，自笑自歌。歌吟不已，继以呼呵。恸哭呼呵，涕泗滂沱。歌匪无因，书中有人。我观其人，实获我心。"诗歌中表达的深阅读的境界，其实是读者与作者进行心灵的沟通，是两者之间情感的共鸣，是彼此间心灵的相通。一本好的书，是对人心理的一次辅导，更是对人灵魂的一次洗礼。因为"深"阅读是一个静静阅读、慢慢消化的过程，而"浅"阅读往往都是快速选择阅读信息、提取信息、更换阅读信息的过程，在"浅"阅读中所有的信息基本都是知晓一二即可，所以很少与作者产生共鸣，阅读对象更换频繁，这其实也是浅阅读折射出来的心理浮躁。

第二，阅读目的不一样

　　浅阅读和深阅读的阅读目的完全不同。浅阅读是获取信息的阅读，它的目的是了解更多的信息，以适用于自己的生活、工作所需，孩子浅阅读的目的往往是获得阅读中的轻松感、愉悦感，在这一过程中很少考虑阅读的积淀、阅读的滋养、阅读品位的提升；而深阅读的过程是读者与作者心灵沟通的过程，其目的是感受文本原有的语言之优美、结构之巧妙、情感之丰富，通过阅读滋养心灵，通过阅读自我成长。正如叔本华所言："没有别的事情能比读古人的名著更能给我们精神上的快乐。我们拿起一本这样的古书来，即使只读半小时，也会觉得无比轻松、愉快、清静、超逸，仿佛汲饮清冽的泉水般舒适。这原因，大概一则是由于古代语言之优美，再则是因为作者的伟大和眼光之深远，其作品虽历数千年，仍无损其价值。"所以，深阅读是文本的细读，是与文本的对话，更是阅读者享受读的过程，体验读的乐趣。

　　第三，阅读行为不一样

　　阅读目的的不同直接导致了阅读行为的不同。浅阅读在获取信息时，主要讲究的是动作的迅速，是视觉的移动，并不需要阅读者过多的时间体验，所以浅阅读时，读者往往会选择浏览或扫描式阅读。这种浅阅读往往更多选择的是电子书的阅读，随着鼠标的移动或者手机屏幕的滑动，达到对信息最大限度的粗略占用。而深阅读是为了获取知识、寻求情感共鸣，在深阅读中，看是一种静观，一般会选择纸质的书稿阅读，伴随着书页翻动的声音，传递的是真正的理解和共鸣。

第二节　深阅读的养成

　　深阅读相对于浅阅读而言，是一种更高级的阅读形态，它立足于挖掘价值乃至创造价值。它需要融入阅读者思维的参与、情感的投入，更关注阅读后的感悟、评价、赏析、探索、积淀。大众阅读的常态和趋势是浅阅读，但浅阅读和深阅读并不是对立的，也没有明显的界限。笔者认为，结合浅阅读的电子阅读时代背景，赋予深阅读以新的特征，可以由"浅"入"深"，从而嫁接两者的关系，使浅阅读向着良好的方向纵深化发展，推动深阅读的养成。我们研究"深""浅"阅读之间的关系，目的不是分清"深""浅"阅读，而在于如何有效延"深"多种本来比较"浅"的阅读形式。

　　对于小学生来讲，比较熟悉的阅读方式有指读、默读、浏览、跳读等，我们在日常教学中发现，大部分孩子在阅读课外书的过程中采用浏览的阅读方式，一来可能是阅读时间有限，二来就是孩子阅读的重心放在故事情节的精彩上，只关注内容，往往忽略了文字本身的美。在深阅读的养成中，我们对孩子的阅读方式也做了选择，更多地指向精读、细读，引导学生深入阅读。

第一，通过阅读的方式改变学生的思考力

儿童碎片化阅读往往是利用闲散时间，简单地浏览只言片语，更有可能对于阅读内容知其然而不知其所以然。笔者担心的是，这种不求甚解的阅读思维会形成一种固化的阅读习惯，让学生没有机会体验和享受深入阅读的乐趣。我们需要选择精读、细读，让孩子主动探究，深入思考，逐步培养其理性思考能力、逻辑思维能力和正确的判断能力。

第二，通过阅读的方式影响学生的记忆力

从信息加工的观点看，记忆是指"对信息进行输入、加工、储存和提取、输出的过程"。小学生在进行碎片化阅读时，尤其是利用电子阅读设备作为载体时，只注重信息的输入和储存，而忽视了记忆过程中的提取、输出，因而有可能影响小学生的记忆力。因为当孩子利用电子设备进行阅读遇到困难时，只要通过搜索功能就能找到现成的答案，学生无需用脑思考，长此以往，孩子的大脑就会处于"愚钝"状态，而思维方式越简单，记忆力就越容易下降。

所以，我们希望通过选择深阅读的慢读方式去影响和提高学生的记忆能力。譬如，在阅读纸质书籍时，学生遇到不懂的词句，需要绞尽脑汁反复思考，这个反复思考的过程就是记忆过程中和过去学习的知识和经验的对话，是输出环节不可或缺的过程。即便学生没有想出答案，最终选择向老师、同学或是工具书求助，但在这样的沟通过程中，他的记忆能力、思考能力和交流能力都得到了相应的全面锻炼。

第三，通过阅读的方式提高学生的注意力

由于数字时代的信息五花八门，小学生碎片化阅读的内容也多是零零散散，往往是一个信息被另一个信息所覆盖，导致小学生本来就相对短暂的注意力更为即时性和片刻性。再加上小学生本身自控能力比较弱，长期的碎片化阅读非常容易加剧学习注意力分散的问题，学业水平也随之受到影响。所以，我们选择深阅读的阅读方式，其目的就是让小学生在阅读时能静下心来，逐步提高学生的注意力，慢慢品味作品中优美的语言，感悟作品中人物的情感，从而增加自己的反思和阅历。

第三节　引导儿童走向深阅读

接下来笔者将从"阅读引导者"与"阅读者自身"两个角度来探究如何引导儿童由浅阅读走向深阅读。

一、阅读引导者如何培养儿童深阅读的习惯

成尚荣先生在《儿童立场》一书中指出："教育是为了儿童的，教育是依靠儿童来展开和进行的，教育应从儿童出发。"因此，教育的立场应该是儿童立场，阅读的立场也应该是儿童立场。

基于前面的调查,我们发现,仍然有许多教师以成人立场来进行课外阅读指导,以自己的需求为儿童的需求,最后牺牲儿童的真实阅读。因此,我们提出,阅读须从儿童出发。

第一,尊重儿童的阅读喜好

我们强调学生是阅读的主体,尊重儿童天真、纯朴、活泼的生命自然状态,以儿童成长的阶段特征和儿童的多样性与差异性为教育支点,寻找符合儿童身心发展规律的阅读指导,让阅读回归童心。

儿童既然是主体,我们就应该在制订阅读计划或者确定推荐书目前,多倾听儿童的声音,多了解他们的读书爱好和需求。首先,应该根据每位儿童的阅读兴趣去制订计划、开展活动,尊重每一个儿童;其次,应该把阅读指导的起点定在儿童对读书的爱好和需求上,比如指导者可以通过观察儿童平时的阅读内容或者通过聊天面对面交流了解儿童阅读的喜好。

第二,把握儿童的思维参与

成尚荣先生在《儿童立场》中还指出:"促进儿童的发展是现代教育核心价值的定位,儿童立场应该是现代教育的根本立场。好的教育一定是符合儿童身心发展规律的。无论何种教育,归根结底只有通过儿童自身的选择与建构,才有可能真正形成儿童发展的现实。"

首先,教师必须思考文本怎样和学生对话,在阅读教学中要给足学生主动权。教师要在语言关键处放慢节奏，在引导学生品味作品语言的同时，关注学生思维的参与，让学生在积极主动的思维情感活动中，加深思考，受到熏陶，享受审美。

其次，"学起于思，思源于疑。"心理学认为：疑问会引起探索，思维也会随之而起。在教学中，教师应有意识地发现学生疑惑，并在疑惑处耐心等待，给学生留出足够的时间和空间，给学生解惑的机会，通过讨论和思考，等待学生自己的感悟。学生的节奏才是课堂的节奏。

再次，课堂是个动态生成的过程，由于学生的性格不同、认识不同，导致思维方式不同、思考结果不同。教学中，当学生的想法出现碰撞时，教师应给学生争辩的平台。学生在争辩的过程中，思维更加清晰，从而获得新知。

最后，阅读教学以语言学习为核心，学生通过大量的语文实践掌握并运用语言。面对学生的错误，教师不必急于纠正，更不要直接公布答案，而应通过"等一等"，让学生主动发现错误，从而做到自我修正，这正是语言思维参与和发展的结果。

第三，发展儿童的"个性表达"

稚朴而跳跃是儿童思维的特征，我们的阅读教学应当尊重儿童的这一特征，循着他们的思维寻找他们真正想表达的内容，而后逐步将他们的表达引向完整、深刻、理性。这样，从最近发展区出发，老师可以帮助学生提升语言表达能力，培养儿童个性化思维，从而实现"个性阅读"和"创意阅读"。

法国伟大启蒙思想家卢梭在著作《爱弥儿》中曾说："大自然希望儿童在成人之前就像儿童的样子，如果我们打乱这个次序，我们将会得到一个年纪轻轻的博士和老态龙钟的儿童。"儿童从这个角度来说是一个发现者、探索者。呵护"童言"是尊重儿童的知识、经验和思维，尊重儿童的想象和表达。无论是口语表达，还是书面表达，老师都要尊重和珍惜学生独特的理解，鼓励学生有创意地阅读，让学生积极主动地质疑、解疑，享受阅读和思维的乐趣。

首先，循着儿童任性表达的方向自然行走，你会发现儿童与语言的相遇是美好的，儿童那些比较随意、任性、表达不明的话语，其实可以看作个性表达的"稚"意栖居。需要老师的适当引领，让儿童在阅读的过程中从直觉走向理性，从零散走向完整。

其次，教师应当尊重学生在阅读中的思维视角，不苛求学生完美表达，以儿童为中心，自然可持续发展，从而逐步提升。老师跟随孩子的思路，我们的课堂将会更自然，儿童努力用自己稚嫩的语言表达着自己的见解，通过这些受到鼓励的表达，思维不断成长，儿童的生命在自我认同和伙伴认同的课堂氛围中共生共长。

最后，要学会蹲下来倾听孩子的声音。当我们都能努力站在孩子的角度去观察和鼓励，加以引领，孩子学习的动力会更足，个性表达也会更为自信！北师大石中英教授认为："外在的规则或者控制，不能促进一个人的发展；人的发展，应该是一个内在的觉醒和自我成长的过程。"课堂的宽松和温馨能唤醒儿童的思维和表达，儿童也能在活泼而接地气的课堂中自然成长。所以，我们觉得儿童立场，就是从儿童出发，就是把儿童是否得到发展当作评判教育的根本尺度。坚守儿童立场，才能真正促进儿童成长。

二、阅读者自身如何养成深阅读的习惯

第一，拥有阅读延"深"的包容心态

信息时代令信息量呈几何级数爆炸式增长，阅读载体也发生了巨大的变化，从纸质发展到电子，阅读者也随之改变了阅读的方式。少年儿童，作为未来的接班人，不可能与时代脱节，面对巨大的阅读信息量，每个人的阅读视野也随之扩大，但每个人的阅读时间、精力却是一个恒量，于是阅读者被迫浅阅读。

无论是成人阅读者还是儿童阅读者，"读书"和"读屏"共存，浅阅读是时代发展的必然，阅读者唯有根据阅读环境去顺应浅阅读的时代变化。浅阅读和深阅读的主要区别不在于阅读的内容和载体，而在于阅读者的状态和过程。所以同样一本图书可以深阅读，也可以浅阅读，如《红楼梦》可以当作故事书泛泛地阅读，即浅阅读，也可以逐字逐句，反复咀嚼，这是深阅读。读者因为

自身不同的价值观和阅历，在同样的阅读文本中能够获得不同的理解。研究深阅读推广，重要的落脚点是阅读的状态。纸本阅读、电子阅读虽然用不同的载体，但都是人类的阅读行为，人们在浅阅读的基础上可以在一些重要问题上获取更深入更专业的信息，由浅阅读向深阅读延"深"。

第二，引领阅读延"深"的价值导向

教育家苏霍姆林斯基曾在给儿子的信中写道："我告诉你，很多东西，不必细读，浏览一下就行了。所有东西都关乎于时间，你要学会最大限度地使用它。"这句话暗含着一个前提：并不是所有的阅读都需要深阅读，要根据自己的需要选择阅读方式。"读书"和"阅读"之间并没有等号存在，而是"分子"和"集合"之间的关系。

浅阅读时代每个人都可根据自己不同的职业、立场、心态，有阅读选择的自由。对于儿童而言，"浅"有时候是轻松、轻快、轻灵。但是，更多的时候，儿童所选择的浅阅读会停留在"读图"的阶层，会停留在"好看"的表层。在这个过程中，我们教育者要学会引领，比如引导学生从图文对照进入语言文字的推敲，比如从"好看"到"为什么好看"的思考，让儿童领悟写作的真谛。但教师在推荐阅读书目和开展班级读书会的过程中对于阅读的引领和干预是灵活、弹性的，而非强制的，必须是建立在阅读者个性化的阅读基础上。如果引导得好，浅阅读就能由"浅"入"深"，兴趣盎然。深浅阅读的途径各自迥异，但最终殊途同归。

第三，培养阅读延"深"的良好习惯

苏轼云："旧书不厌百回读。"但事实上，一本书读上百回是不太可能做到的事情，尤其是当下这个快节奏的时代，一本书读上两遍、三遍都很难。很多人都发现，深阅读并不容易。特别是遇上难理解、理论性强的书，遇上自己的知识结构与书本的知识结构距离比较远的时候，深阅读就显得更难。

但深阅读的好习惯能带给阅读者更多的阅读启迪，这也是毋庸置疑的。对于少年儿童来说，养成深阅读的习惯更为重要。所以，深阅读虽然很难，作为教育者，还是要想尽办法引导儿童循序渐进，逐步由"浅"入"深"。我们可以从浅阅读开始，先拓宽阅读渠道；然后，鼓励孩子将分散阅读时间转化为每天固定时间，如每天阅读1小时，孩子可以采用线上线下打卡的形式计分，用分解目标量化执行的方式建立长期阅读习惯；深阅读还可以通过师生共读、亲子共读、班级共读等方法，开展阅读挑战，组织阅读比拼，克服阅读的倦怠情绪。孩子慢慢在大人的带领下深入阅读，在阅读中思考和反思，循序渐进地养成阅读习惯，获得阅读的价值和意义。

第三章　"三轨三型"助力儿童深阅读

第一节　"三轨三型·深阅读"的定位

一、第一学段——儿童诗歌的阅读与创编

儿童诗歌是儿童学习和发展语言的范本和最好材料，因为它篇幅短小，语言优美，节奏鲜明，音韵和谐，深受第一学段儿童喜欢。因此，我们在选择儿童诗歌的时候，更多地从儿童的喜好和语言富有规律的诗歌入手。一、二年级的语文教材中就选用了大量的童谣、童诗，这些儿童诗歌语言优美，节奏明快，富有韵味，特别受孩子的喜爱。诗歌富有规律的语言符合低段孩子阅读的特点，也为儿童诗歌创作提供了空间。

我们选择儿童喜爱的童谣、童诗作为第一学段阅读材料，激发学生阅读儿童诗歌的兴趣，获得初步的情感体验，感受诗歌的韵律美。一年级以童谣为主，通过"读童谣—背童谣—唱童谣—编童谣"的进阶式阅读，在积累童谣的基础上，逐步培养语感，

形成一定的读写能力；二年级以儿童诗为主，通过"读童诗—悟童诗—仿童诗—创童诗"的进阶式阅读训练，逐渐培养孩子的读写和审美能力。从童谣到童诗形成系列的儿童诗歌阅读课程，也针对不同课型提出了不同的目标。

儿童诗歌三种不同课型的不同目标

课型	基础学习型（教材例举）	广域学习型（阅读链接）	项目学习型（项目开发）
目标	诵读儿歌、童谣，展开想象，获得初步的情感体验，感受语言的优美。	通过学习，欣赏富有故事性、富有童趣的童诗童谣作品，激发孩子学习和欣赏兴趣，培养学生欣赏、模仿、创作儿童诗的能力。	通过各种游戏和活动，让孩子在富有支持性的环境里模仿、创编，激发创作灵感，培养孩子创编童诗的能力。

1. 基础学习目标。选择儿童喜爱的童谣、童诗作为低段阅读材料，激发学生阅读儿童诗歌的兴趣，获得初步的情感体验，感受诗歌的韵律美。通过"读童诗（谣）—背童诗（谣）—唱童诗（谣）—编童诗（谣）"的进阶式阅读，在积累童诗（谣）的基础上，逐步培养语感，形成一定的读写能力。

2. 广域学习目标。根据儿童喜好程度，通过阅读链接，进行主题式儿童诗歌赏析，学习欣赏富有故事性、富有童趣的童诗童谣作品，激发孩子进一步学习、欣赏以及积累童诗的兴趣。

3. 项目学习目标。通过到大自然采风或进行各种游戏和活动，让孩子在富有支持性的环境里模仿、创编，激发创作灵感，培养孩子创编童诗的能力。

二、第二学段——儿童故事的阅读与创编

进入第二学段，孩子具备了独立识字的能力，从形象思维转向逻辑思维，但逻辑思维还不强，因此他们进入了词汇大量积累时期，也进入了深入理解文本的瓶颈时期。首先，绘本故事图文并茂，可读性强，文本内容富有规律，不仅能帮助孩子拓宽阅读量，也为创作提供了可能。其次，包括寓言故事、童话故事、成语故事、历史故事、神话故事等在内的一系列经典故事，形式丰富，文体多样，这些通俗易懂的文字为学生阅读打开了思路，相同文体、文本结构相似又为学生的表达提供了借鉴。

笔者选择适合儿童的绘本和经典故事，激发学生阅读故事文本的兴趣，能借助各种阅读方式深入阅读，学会欣赏、沟通、表达，能根据故事文体的特点进行针对性的分类阅读。三年级以绘本阅读为主，四年级以经典故事为主，主要通过"听故事—读故事—编故事—创故事"的进阶式阅读模式，培养孩子的听说读写能力，从而形成系列的故事阅读课程。针对不同的故事类课型，笔者也提出了相应的目标。

儿童故事三种不同课型的不同目标

课型	基础学习型 （教材例举）	广域学习型 （阅读链接）	项目学习型 （项目开发）
目标	能初步把握文章的主要内容，体会文章表达的思想感情。能复述叙事性作品的大意，初步感受作品中生动的形象和优美的语言，关心作品中人物的命运和喜怒哀乐，交流自己的阅读感受。积累课文中的优美词语、精彩句段，以及在课外阅读和生活中获得的语言材料。	通过阅读链接，拓展相关的故事，借助各种阅读方式深入阅读，学会欣赏、沟通、表达，能根据故事文体的特点进行有针对性的分类阅读。通过"听故事—读故事—编故事—创故事"的进阶式阅读方式，读写结合，培养孩子的听说读写能力，从而形成系列的故事阅读课程。	借助各种平台，为学生创设条件，通过故事比赛、故事演讲、故事表演等多种形式，进一步对儿童故事进行深入阅读，综合运用各种阅读方法，提升阅读的能力。

1. 基础学习目标。选择适合儿童的故事，激发学生阅读故事文本的兴趣。能初步把握文章的主要内容，体会文章表达的思想感情。能复述叙事性作品的大意，初步感受作品中生动的形象和优美的语言，关心作品中人物的命运和喜怒哀乐，与他人交流自己的阅读感受。积累课文中的优美词语、精彩句段，以及在课外阅读和生活中获得的语言材料。

2. 广域学习目标。通过阅读链接，拓展相关的故事，能借助各种阅读方式深入阅读，学会欣赏、沟通、表达，能根据故事文体的特点进行有针对性的分类阅读。通过"听故事—读故事—编故事—创故事"的进阶式阅读方式，培养孩子的听说读写能力，从而形成系列的故事阅读课程。

3. 项目学习目标。借助各种平台，为学生创设条件，通过故事比赛、故事演讲、故事表演等多种形式，进一步对儿童故事进行深入阅读，综合运用各种阅读方法，提升阅读的能力。

三、第三学段——儿童剧本的阅读与创编

第三学段学生从形象思维转向抽象思维，具备了一定的阅读量和阅读能力，但直接阅读经典戏剧还有难度，我们从课文内故事性强的文本或学生自己创编的故事入手，通过改编和续编等方式进行剧本的学习，创设各种条件，为孩子搭建舞台，使阅读内涵不断外化，达到阅读的更高境界。五年级以课本剧的阅读为主，如根据课文可尝试改编《滥竽充数》《西门豹》等；六年级以舞台剧为主，如改编《了不起的狐狸爸爸》《三只小猪》《魔法石壁》等；还可鼓励学生自己创作剧本，如根据 G20 倡导环保，可创作《"桶"治地球》，读沈石溪的动物小说，呼吁人类保护动物，可创作《没有需求就没有杀戮》等。

适合儿童的剧本能够激发学生阅读剧本的兴趣。儿童能了解剧本体裁的特殊性，通过剧本与故事的对比阅读，逐步学会欣赏剧本，并尝试把故事改编成剧本，借助舞台把阅读内涵外化。通

过"读剧本—聊剧本—改剧本—演剧本"的进阶式阅读模式，培养孩子理解和运用语言的能力，从而形成针对不同年龄段的儿童剧本阅读课程。根据剧本的不同课型，也提出了相应的目标要求。

儿童剧本三种不同课型的不同目标

课型	基础学习型（教材例举）	广域学习型（阅读链接）	项目学习型（项目开发）
目标	选择适合儿童的剧本，激发学生阅读剧本的兴趣。在阅读中了解剧本的表达顺序，了解剧情，能简单描述自己印象最深的场景、人物、细节，说出自己的喜爱、憎恶、崇敬、向往、同情等感受。体会作者的思想感情，初步领悟剧本的基本表达方法。	通过阅读链接，能进一步了解剧本体裁的特殊性，通过剧本与故事的对比阅读，逐步学会欣赏剧本，并尝试把故事改编成剧本，通过"读剧本—聊剧本—改剧本—演剧本"的进阶式阅读模式，培养孩子理解和运用语言的能力，并形成系列的儿童剧本阅读课程。	从课文内故事性强的文本或学生自己创编的故事入手，通过改编和续编等方式进行剧本的学习，创设各种条件，为孩子搭建舞台，使阅读内涵不断外化。通过表演、续编等多种形式，进一步对儿童剧本进行深入阅读，达到阅读的更高境界。

1. 基础学习目标。选择适合儿童的剧本，激发学生阅读剧本的兴趣。在阅读中了解剧本的基本格式，把握剧情，能简单对剧本中人物做出评价，体会作者的思想感情，初步领悟剧本的基本表达方法。

2. 广域学习目标。通过阅读链接，能进一步了解剧本体裁的特殊性，通过剧本与故事的对比阅读，逐步学会欣赏剧本，并尝试把故事改编成剧本，通过"读剧本—聊剧本—改剧本—演剧本"的进阶式阅读模式，培养孩子理解和运用语言的能力，并形成系列的儿童剧本阅读课程。

3. 项目学习目标。从课文内故事性强的文本或学生自己创编的故事入手，通过改编和续编等方式进行剧本的学习，创设各种条件，为孩子搭建舞台，使阅读内涵不断外化。通过表演、续编等多种形式，进一步对儿童剧本进行深入阅读，达到阅读的更高境界。

第二节 "三轨三型·深阅读"的内涵

成尚荣先生指出："教育是为了儿童的，教育是依靠儿童来展开和进行的，教育应从儿童出发。"因此，教育的立场应是儿童立场。笔者认为，阅读指导的立场也应是儿童立场。因此阅读课程目标要观照儿童身心发展的多元性，阅读课程内容要尊重儿童的真实阅读需要。于是，根据儿童阅读能力发展的需求，笔者构建了"进阶式"阅读学习范式。

1. 广开视野：打破壁垒，展开阅读知识海。为了更好地激发学生的阅读潜能，笔者努力尝试打通课内外阅读，阅读课程的设计立足于最大可能地满足不同性别、不同层次、不同性格的孩子的不同需求。让孩子从一本教科书的禁锢中解放出来，走向一系列书、一类书，甚至是整个图书馆，让他们真正走进书的海洋。

2. 专项提升：挖掘深度，寻找阅读潜能，实现课内外融通、学科间融合。根据阅读课程，寻找合适的阅读策略，召唤阅读文本潜在的结构，让学生深入读、细致读，在读中发现自己的潜能点，明确自己的专项，朝着专业的角度去探索，努力提高阅读的效率。

3. 技术支撑：搭建展台，呈现阅读生命力。为学生提供技术支撑，给每个孩子搭建一个能充分展现自我的舞台，在多维立体的读书交流、汇报、展示、表演等各项活动中，建立阅读的自信，提升阅读的品味，呈现阅读的生命力。

一、"三轨三型·深阅读"的设计思路

（一）概念定义

1. "三轨三型"。所谓"三轨三型"是基于我们的理念研究出的一种阅读范式。"三型"指的是三种阅读课型，即基础学习型、广域学习型、项目学习型。"三轨"指三种课型实施的途径。通过低、中、高不同年段，诗歌、故事、剧本不同文体，学校、教师、学生不同维度，多轨道进行成系列的阅读和表达。

2. "学习范式"。学习范式是对以往固化的学习过程的一

种改良与更新，也是传统阅读课中的学习新版式。学习范式强化学的地位，突出学的策略，关注学的成效，把教转化为学的脚手架、助推器。

3. "进阶式"阅读。"进阶式"阅读，一是指向内容，由内向外，由浅入深；二是指向能力，如读与诵、讲与述、写与演等能力，由低到高，循序渐进。教师在阅读教学中给学生"台阶"，让学生在"学习进阶"中习得阅读方法，提升阅读能力。

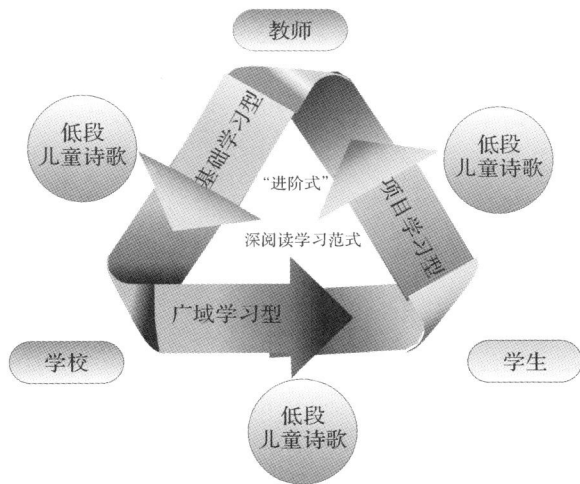

三轨三型"进阶式"深阅读学习范式研究内容示意图

（二）研究目标

1. 站在阅读立场，让儿童读得更乐。基于童心教育理念，开设有趣、有效的阅读课堂，激发儿童阅读的兴趣。通过乐学币、竞技台、金牌榜等多元评价，帮助儿童养成自主阅读的习惯，提高阅读的效率，让儿童读得更乐。

2. 形成阅读体系，让儿童读得更多。基于学生发展的需求，选择、确定符合孩子身心发展的不同年段的阅读课程内容，进行阅读资源的开发，形成阅读范式。通过建设不同年段的阅读项目，形成"进阶式"阅读体系，让儿童读得更多。

3. 构建阅读范式，让儿童读得更深。根据阅读课程内容，探索学生有效阅读的策略，召唤阅读文本潜在的结构，力图形成一些内容丰富、形式多样、操作实用的阅读范式，让儿童读得更深。

（三）设计思路

1. 课内得法，举一反三。课内通过阅读课程教给学生阅读的方法：跳读法、猜读法、想象法、品析法等。经历一篇篇文本的精研细读，转化成自己的阅读能力，然后通过课内外迁移阅读，举一反三，提升阅读素养。

2. 课外延伸，举三归一。知识结构越是有规律、有条理，就越容易被理解、被掌握、被运用。经过课内阅读文本的学习，寻找阅读规律，并通过多篇同主题阅读文本的对比学习，举三归一，使学生形成阅读技巧与策略，大大提高阅读效率。

3. 项目研究，自主阅读。融入项目化学习，通过任务驱动，产生需求，找寻出口，解决问题。学习目标从基础性向创造性转变，学习内容从单篇到多篇转变，学习方式从单一到多元转变，实现研究式的自主阅读。

二、"三轨三型·深阅读"的操作框架

基于儿童阅读存在着兴趣淡、方法少、表达难的问题，我们构建了"三轨三型"进阶式阅读，从儿童诗歌的基础性阅读入手，到儿童故事的思考性阅读，再到儿童剧本的提升式阅读，形成了基础型、广域型、项目型的阅读学习范式。努力探究低段儿童诗歌中"美读成诵""主题欣赏""采风运动"，中段儿童故事中"互文比照""重组建构""故事点播"，高段儿童剧本中"品悟鉴

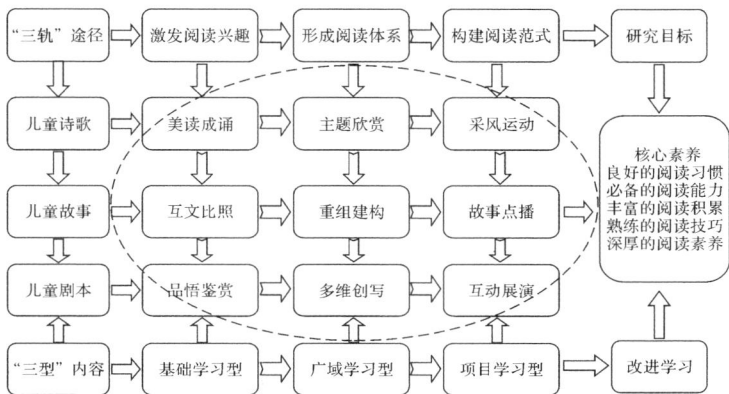

"三轨三型·深阅读"学习范式操作框架图

赏""多维创写""互动展演"，三个年段不同文体下的九种不同的课型特征和阅读策略。通过多元多维的评价，进一步激发孩子阅读的潜能，提升阅读的能力，形成五大核心素养。

第三节　"三轨三型·深阅读"的价值

阅读课程不是阅读训练及简单的知识传输过程，不应强调教师的文化权威。课程目标要求关照儿童身心发展的多元性，课程内容应该尊重儿童的阅读需求，根据儿童阅读能力发展的需求，开发进阶式阅读课程，深入阅读策略的研究，使儿童的阅读成系列地发展，从而提升语文的核心素养。"三轨三型·深阅读"因其系列化、深入化与多元化的定位，以及广开视野、专项提升、技术支撑的内涵，在课程目标、课程体系、课程策略、课程资源与课程评价上有不可替代的优点。

第一，设定进阶式阅读课程目标，形成阅读的专业化

笔者在对照了《义务教育语文课程标准（2011 年）》对阅读提出的 24 条目标后，力求"三轨三型·深阅读"课程目标达到以下四点。

一是自主选择，有兴趣。阅读内容、阅读形式应尽量由学生自己做主。二是切中课标，有方法。教师必须利用课堂内的时间教给孩子应会的阅读方法，如课标中要求的默读、图文对照读、

想象读等，还可以结合课外拓展教给孩子一些独特的阅读方法，如长文跳读、群文比读、主题串读等。三是关注学段，有梯度。第一学段兴趣先导，识字为主；第二学段体会词句表情达意，体会构段形式，把握主要内容；第三学段关注篇章结构，领悟表达方法，感受不同文体的特点。四是注重积累，有交流。阅读的过程也是积累的过程，需内化于心，外化于形。因此，阅读要引导孩子乐于与他人进行交流，可以通过读书沙龙的方式进行口头交流，也可以用不同的形式进行书面表达。

第二，构建进阶式阅读课程体系，形成阅读的系列化

语文课程改革的深入发展使得阅读拓展逐渐成为一线教师课堂教学的基本理念，但仍然存在着阅读拓展的目标不够明确、盲目无序地拓展等现象。教师在选择拓展阅读的材料时，缺少对文本特点、学生学情的客观分析，使得拓展阅读的功能没能达到阅读教学的实效。立足于学校的选择性课程，在原有阅读项目研究基础之上，进一步根据学生对阅读的真实需求，建设不同年段的阅读项目，形成进阶式阅读的课程体系，从而形成阅读的系列化。

第三，研究进阶式阅读课程策略，促进阅读的深入化

21世纪阅读教学改革的重要命题之一是"努力构建课内外联系、校内外沟通、学科间融合"的大阅读策略。笔者根据阅读课程，寻找合适的阅读策略，召唤阅读文本潜在的结构，努力提高阅读的效率，力图探索形成一些内容丰富、形式多样、操作实用的阅

读课程资源和操作策略，旨在促进学生深入阅读。

第四，开发进阶式阅读课程资源，保证阅读的多元化

萨特说："阅读是一种被引导的创造。"教师通过自己的拓展意识，为学生创造足够的条件，在多样的阅读中，引导学生追求多元意义的建构和丰富。教师作为阅读课程开发的发起者，必然要研究阅读课程的研究、开发、实施和评价的整个过程，在行动研究中不断提升自己的阅读能力和品位，引导学生阅读的多元化和深入化。

基于此，笔者根据不同年级的特点，根据儿童自身的需求，分学段选择了多元化的阅读课程资源：第一学段是儿童诗歌，第二学段是儿童故事，第三学段是儿童剧本。对于每个学段不同的文体，笔者都制定了相应的阅读学教目标。

第五，丰富进阶式阅读课程评价，保证阅读的全面化

阅读课程的评价要保证阅读的全面化。因此，笔者借助微信朗读群、写作专栏区、比赛竞技台等形式确定了阅读课程评价的三大原则：阅读内容注重全面性，阅读评价标准体现多元化，阅读评价结果强调激励性。与此同时，笔者还将三大原则落实到阅读课程评价策略中，借鉴中央电视台《朗读者》栏目设计"小小朗读者"评价标准，以"读懂故事—说好故事"贯穿教学始终，激励学生评说，通过观众点赞的方式来评价"小演员"水准。

上篇　儿童诗歌

　　在诗的国度里，自古到今，我们都不缺乏明白晓畅、朗朗上口、适合儿童吟诵的诗歌。诗歌有着清新自然的意境美，也有合辙押韵的语言美，被历朝历代的儿童所传唱。本篇我们撷取了儿童喜爱的现代诗歌。因为现代儿童诗歌更多地站在儿童的立场上，或者是作为儿童的代言人，协助儿童发泄心中的情绪，达到身心的平衡；或者是将个体的人生体验、审美积淀透过简短的文字，传递给少儿读者，让儿童从中汲取精华和智慧，健康顺利地成长。我们开发了"美读成诵""主题欣赏""采风运动"三种不同的课型，为孩子找到不同的诗歌阅读策略，让儿童在阅读过程中陶冶性情、潜移默化，从而获得心灵上的成长。

第一章 "美读成诵"基础学习型

　　诗歌，在小学语文教材中占有重要的地位，学生进入小学生活就是由诗歌起始的，可以说，是诗歌引领学生开始学习的生涯。为什么这么说呢？都说孩子是"天生的诗人"，就是因为孩子的天性"近诗"。纵观统编版小学语文教材，低年级的课文大多以诗歌为主，包括儿歌、现代诗、古诗等，其他课文，如散文、童话和寓言，也多带诗味。而小学语文教材中安排了许多诗歌作为课文，既可以满足儿童"近诗"的天性，保护、培养和激发儿童的想象力，又有利于孩子"直观思维"和"主观思维"的培养。关于教材中诗歌的编排，以低段内容为例，见下表。

部编小学语文教材1—4册诗歌段式结构梳理表

	诗歌题目	课中要求	比较明显的段式	达成的目标
一年级上册	《四季》	你喜欢哪个季节？仿照课文说一说。	____，他对____说："我是____。"	用一定的句式说说自己喜爱的季节。
	《比尾巴》	照样子，做问答游戏。	谁的____最____，____的____最____。	模仿句式了解更多动物（尾巴、耳朵、样子等）特点。
	《明天要远足》	你有过这样的心情吗？和同学说一说。	翻过来，哎——睡不着。那地方的____，真的像____说的，那么____？	结合自身体验，仿写句式，感受远足激动的心情。

	诗歌题目	课中要求	比较明显的段式	达成的目标
一年级下册	《姓氏歌》	照样子做问答游戏。	你姓什么？我姓张。什么张？弓长张。你姓什么？我姓方。什么方？方向的方。	结合生活中周边同学的姓氏用一问一答的方式进行，可以用拆分法，也可以用组词法。
	《一个接一个》	课文中没有特别要求，但诗歌本身具有较大的句式特点——顶针。前一小节的最后一句刚好是下一小节的第一句。	不过睡着了，倒可以做各种各样的好梦。正做着好梦，又听见大人在叫。	结合学生生活中各种丰富的学习和生活体验，仿照着诗歌进行编写，体会诗人良好的心态。
	《怎么都快乐》	课文中没有特别要求，但诗歌本身具有较大的句式特点——递进。从一个人玩，到两个人玩，到三个人玩……	一个人玩，很好！____，____，____。两个人玩，很好！_____，_____，_____，_____，_____。	结合学生生活中的各种丰富多彩的游戏，仿照着诗歌进行编写，体会诗人良好的心态。

续　表

	诗歌题目	课中要求	比较明显的段式	达成的目标
二年级上册	《植物妈妈有办法》	你还知道哪些植物传播种子的方法？选用下面的词语，仿照课文说一说。	____妈妈准备了_____，把它_____，只要_____，孩子们就_____。	能根据提供的词语，仿照句式说说其他植物传播种子的方法。
	《场景歌》	选一张你喜欢的照片或图画，仿照课文，说说上面有些什么。	以一张旅游的照片为例，说说：一（　　）山，一（　　）水，一（　　）小桥，一（　　）流水，……	能通过图片或照片，仿照诗歌中的句式，对应地说说某些事物，注意押韵和意境。
	《拍手歌》	课文中没有要求，但诗歌本身特点鲜明。	你拍一，我拍一，_____；你拍二，我拍二，_____；……	能学着课文中拍手歌的形式，说说生活中其他的主题，如交通安全、绿色出行等。

	诗歌题目	课中要求	比较明显的段式	达成的目标
二年级下册	《雷锋叔叔，你在哪里》	用自己的话说说雷锋的故事，能用上文中的句式。	沿着长长的小溪，冒着蒙蒙的细雨，雷锋叔叔＿＿＿＿；顺着弯弯的小路，踏着路上的荆棘，雷锋叔叔＿＿＿＿。	能仿照诗歌中的写法，用上"有问有答"的方式来说说雷锋的故事。
	《传统节日》	我国有很多传统节日，你还知道哪些？能选择1~2个，说说你是怎么过节的吗？	元宵节，＿＿＿＿。端午节，＿＿＿＿。中秋节，＿＿＿＿。	能抓住传统节日的习俗，把节日的特色写出来。
	《彩色的梦》	你想用彩色铅笔画什么？试着仿照第2、3小节，把想画的内容用几句话写下来。	＿＿＿＿的地方，＿＿＿＿，红了，＿＿＿＿，绿了，＿＿＿＿，黄了，＿＿＿＿。	能展开自己丰富的想象，把自己美好的童年和美丽的梦想用诗歌的形式表达出来。
	《要是你在野外迷了路》	生活中你还知道哪些辨别方向的方法？	要是你在野外迷了路，可千万别慌张，＿＿＿＿。＿＿＿＿。＿＿＿＿。	通过仿写，突破借助实物辨别方向的难点。

从上面的列表中可以看出，诗歌在小学一、二年级的语文教材中占比很大，体裁大致有童谣、古诗、儿歌、识字歌等，形式多样，内容丰富。有的是能有效帮助低年级学生认字的识字儿歌，有的是描写风景的词串，有的是风趣幽默的绕口令，有的是韵律优美的古诗，还有的是意韵深远的古诗词等，这些诗歌诵读起来朗朗上口，易于理解和记忆，是低段语文教学的重要组成部分。

那么，面对这么多的诗歌内容，我们的教学应从何着手呢？《义务教育语文课程标准（2011 年）》对小学诗歌教学提出了要求和标准，第一学段要求"诵读儿歌、童谣和浅近的古诗，展开想象，获得初步的情感体验，感受语言的优美"。"美读成诵"基础学习型是最基本、也是最实用的一种方式。

古人云，"熟读唐诗三百首，不会写诗也会吟"，又云，"三分诗，七分读"，可见诵读之于诗歌的重要性。新课标认为，"朗读也是一种理解"。可见，诗歌最重要的学习方法是朗读。

第一节　"美读成诵"基础学习型的课型特征

《义务教育语文课程标准（2011 年）》提出："语文是实践性课程，应着重培养学生的语文实践能力，而培养这种能力的主要途径也应是语文实践。语文课程是学生学习运用祖国语言文字的课程，学习资源和实践机会无处不在，无时不有。因而，应该让学生多读多写，日积月累，在大量的语文实践中体会、把握运用语文的规律。"诗歌教学是语文阅读教学的重要组成部分，"多读多写，日积月累"也是其教学精髓。

"美读成诵"基础学习课型的主要特征如下。

一是以读为主，熟读成诵。朱自清说："新诗不要唱，不要吟，它的生命在诵读，它的生活在诵读里。"读，是语文教学的重要手段。对于低段孩子，以读为主、熟读成诵更是语文学习，特别是诗歌学习的首要途径。诵读是一门用声音进行再创造的艺术，大声诵读的好处已毋庸置疑，孩子们在诵读过程中，把无声的文字变成了有声的诵读，并且伴之以节奏、韵律、情感等，有利于进入一种美的艺术体验。而对于诗歌，更能够再现其"诗性美"，使孩子们在字正腔圆、声情并茂的诵读中将诗歌的美还原。《义务教育语文课程标准（2011年）》对于诗歌教学的建议中指出，要"激发学生诵读的兴趣，培养学生诵读的习惯"，诗歌教学，尤其要讲究熟读成诵。"要让学生充分地读。在读中整体感知，在读中有所感悟，在读中培养情感，在读中受到情感的熏陶。"

二是美读体悟，通过节奏的把握、轻重缓急的处理，体会诗歌蕴含的情感。朱光潜先生曾说："写在纸上的诗只是一种符号，要懂得这种符号，只是识字还不够，要在字里，见出意象来，听出音乐来，领略出情味来。诵诗时就要把这种意象、音乐和情趣在声调中传出。这种功夫实在是创造的。"诗，以和谐的节奏、优美的意境来传递作者的思想、情感，是最美的语言。美美地诵读，在诵读中注意内容和韵律，注意停顿，注意每个词句的节奏与感情，是舒缓还是紧凑，是悠长还是急促，才能让我们体悟到诗歌的内涵，体会到诗歌那韵外之致、言外之意的美感。美读，才能让学生真正欣赏诗歌之美。

《义务教育语文课程标准（2011年）》指出：诗歌是有节奏、有韵律并极其富有感情色彩的一种重要的语言艺术形式，因此，诵读是感悟诗歌意境的最佳方式之一。让学生树立熟读成诵的观念，利用各种手段培养学生熟读成诵的习惯，是教学诗歌的必要途径。在"美读成诵"的诗歌教学中，我们要遵循以下原则。

（一）趣味化

我们常说"兴趣是最好的老师"，孩子对于诗歌的学习，也源自兴趣。部编版教材中精选的儿童诗，专门为儿童创作，站在儿童的立场，以儿童的视角来观察世界，符合他们的心理和审美特点，符合儿童心理的丰富想象；情感高洁，表现儿童世界里的童真童趣，传达儿童有趣的情致、善良的感情和美好的愿望；语言精美，具有儿童文学作品的句式特点，短句为主，大量地使用叠词以及口语化句式，在发展儿童的语言、陶冶儿童的心灵等方面具有无可替代的重要作用；童趣盎然，相比其他儿童文学作品，它更有韵律性，更富节奏感，读起来朗朗上口，非常适合儿童诵读。

以现行统编语文教材一年级上册为例，全书24篇选文中就有18篇为儿童诗歌，占据三分之二。这些选文想象丰富奇特，画面优美，语言活泼，富有童趣，具有独特的儿童意境，充满童真童趣。学习过程中，孩子们最喜欢的就是诵读了。

（二）重积累

语文学习是一个细水长流、日积月累的过程。现代教育研究的理论成果已然清楚地证明，学习语文必须走多读、多写、多积累之路。即"在游泳中学游泳"，在多读、多写、多积累中学语言。"问渠那得清如许，为有源头活水来。"这源头活水说到底就是孩子们的语言积累。语言学家吕叔湘先生说过："任何技能都必须具备两个特点，一是正确，二是熟练。要正确必须善于模仿，要熟练必须反复实践。"积累则是反复实践的"源头活水"。

俞鹏玮在《让童诗走进小学语文课堂的实践研究》一书中说："在所有的语言中，诗是语言的钻石；在所有的情感表达中，诗是情感的铀。而儿童诗符合儿童的心理和审美的特点，适合他们阅读、吟诵，为他们理解、欣赏和喜爱。"一、二年级教材中的儿童诗，节奏明快，语句简短，运用反复叠词的形式，非常适合孩子用各种形式来诵读，利于儿童背诵和积累。这些儿童诗为孩子学习、驾驭语言提供了丰富的素材，让孩子在优美的语言环境中学习语言、丰富语汇，提高了他们驾驭语言、鉴赏语言的能力。因此，重积累是"美读成诵"基础学习课型实施的重要组成部分，甚至这种积累会是终生受益的。正如美国心理学家詹姆士在《心理学原理》一书中说："童年背诵的东西，好像用火印烙在大脑上似的，就是完全记不起来，它的痕迹也永远不会消灭。因为构造上的改变一经固定在生长的脑里之后，这个改变就成了常态组织的一部分，营养的代谢、作用还照例维持它，因此它像伤后的瘢痕一样，会毕生存在着。"这就是儿童诗歌对儿童的影响。

（三）易模仿

孩子是"天生的诗人"，说的不仅仅是孩子们那种天然的诗意言语，也是孩子们对于诗歌语言的那种超强的模仿能力。我们常常说"童言无忌"，孩子的语言往往充满童稚、童趣，如果转化为诗意的语言，就成了优美的儿童诗。孩子们对于诗歌的学习也是从模仿开始的，从心理学的角度说，人要学会一种技能，都是从模仿开始的，而且需要不断地模仿。模仿的过程其实是语言吸收和训练的过程。诗歌和一般的阅读材料有很大的不同，重点往往不是叙事，而是抒情，且较多使用各种修辞手法。特别是低段的儿童诗，语言结构简单，常用相同的句式或段式反复出现，易于引导学生进行模仿创作。因此，在小学诗歌教学中，让学生从仿写开始，刻意训练他们的写作能力，非常有必要。

第二节　"美读成诵"基础学习型的课例研究

"美读成诵"基础学习课型基本上可以按照以下的流程进行操作。

"美读成诵"基础学习课型操作流程图

1. 创设情境，尝试朗读。课堂是学生的课堂，要给孩子自主学习的空间和时间。低段课文中的儿童诗歌，其浅显的儿童化语言、生动形象的描写，对学生本身就充满了吸引力。教师作为引领者，要做的是创设利于孩子进入文本的情境，引导学生尝试朗读，在读中与文本进行交流对话，从而走进文本。

2. 体会情境，情韵朗读。诗歌具有情感丰富、语言精练等特点，根据这种文体的特点思考和建构适合学生进行诗歌诵读的方式，以唤起学生的想象空间，促进学生在趣味性、生动性、形象性俱佳的诗歌语境中体会情境，进行情韵朗读。正如于漪老师所说："教师要善于把课文中无声的文字通过师生的共同努力，变成有声的语言。语言或铿铿锵锵，如金属撞击声；或潺潺淙淙，如小河淌冰。伴随着悦耳的音响，课文中的思想、情感就会叩击学生的心灵，学生眼到、口到、耳到、心到，学得愉快，学得有效。"情韵朗读正是使无声语言转化成有声语言的最好途径。

3. 品悟语言，熟读成诵。语言承载思想，表达情感，不同的作者、不同的体裁，都会有不同的言语方式。而语言的积累是低年级阅读教学的重要任务之一。因而，引领学生品味、揣摩语言，从而走进作者的情感和思想世界，是语文教学的正确途径。

文本的情味是实实在在通过对言语的研读"品"出来的。教师可以从诗歌的语言特点、语言形式、语段结构出发，通过朗读、背诵，积累好词佳句。在诗歌教学中，教师更应善于发现这种文本的特殊性，充分利用教材资源，引领学生在小小的语文课堂上，品悟和欣赏诗歌的语言之美。

4. 迁移语用，集聚提升。说到底，学习语言最终是为了运用语言。"学习语言文字运用"是语文课程的核心任务。读与写的结合，是阅读教学的出发点，也是归宿。这是对文本的想象感悟，也是对学生语文能力的一次提升。而低段教材中的诗歌，语言都非常精练、优美。在教学过程中，教师要善于根据文本自身的特点，结合每篇文本的主要特色进行有选择的侧重练习，让学生在学习的过程中理解内容，内化语言，提高"语用"能力。

案例：比出尾巴特色　仿出言语精彩
　　——《比尾巴》课例

一、教材解读

　　《义务教育语文课程标准（2011 年）》指出："语文课程是一门学习语言文字运用的综合性、实践性课程。"在低年段的阅读教学中，教师要想引导学生把握文本内容、体会情感而"得意"，需从语言文字入手；要想引导学生关注语言形式、表达方法而"得言"，则需从文本结构体会。《比尾巴》是一首简短而精悍的儿歌，采用三问三答的排比手法，以对话的形式进行了两组问答，展示了六种动物不同的尾巴，同时采用了比喻的手法，用词简洁，抓住了六种动物尾巴独有的特征，语言通俗易懂，欢快活泼，抓住了孩子们的心理特点，深受孩子们的喜爱。根据问题与回答，可以把全文分成两个部分：1、2 小节为第一部分，通过三问三答介绍了猴子、兔子、松鼠尾巴的特点；3、4 小节为第二部分，通过三问三答讲述了公鸡、鸭子、孔雀尾巴的特点。全文句式整齐，简明易懂，充满儿童情趣；读来富有节奏和韵律，朗朗上口，便于记忆。而且课文的插图也生动形象地展示了六种动物的尾巴，便于学生直观感受、理解课文内容。

二、学情分析

本课语言的一个最大特点就是采用排比、比喻的手法进行问答，还带给孩子们动物尾巴特点的简单知识。由于问号在一年级的教材中是第一次出现，学生只有读好问句的语气，才能更好地在朗读的基础上理解课文内容。因此，如何读好问句，在读好的同时体会问句的特点，知道怎样的语言特点叫问句，是重点也是难点。而且本文采用的是三问三答的形式，问答句的排列也非常有特点，采用的是对比的手法：长—短，扁—弯。如何引导学生去发现这种诗歌的言语密码，从而体会到诗歌的情趣盎然，也需要一定的教学技巧。

三、设计理念

以朗读训练为切入口，通过"比识字""比朗读""比写话""比背诵"，营造比赛氛围，拓展教学资源，让学生了解各种动物尾巴的特点。利用课中操的实践机遇，进行趣味朗读，将朗读教学与知识要点结合，让学生的学习兴趣盎然，以达到良好的教学效果。进行仿写的言语实践，在实践中习得语言运用，达到语文教学人文性与工具性的统一。

四、目标设定

基于以上的教材解读，对于本课的教学目标，做了以下的设定：

1. 认识十个生字，会写"云、公"两个字。认识一个笔画"撇折"和两个偏旁"八、鸟"；

2. 正确、流利地朗读课文，背诵课文。读好问句、答句，读好疑问语气；

3. 初步了解一些动物尾巴的特点，培养探究的意识；

4. 模仿课文语言，进行简单创写。

教学重难点：读好问话的语气，从而达到正确、流利、有感情地朗读课文。

五、学教设计

第一板块：创设情境，读好问句

1. 创设情境，游戏激趣

（1）游戏导入：摸尾巴

①小朋友们，伸出你的小手，我们来做个摸身体的游戏，好吗？来，老师说，你们做：摸摸你的头发，摸摸你的鼻子，摸摸你的嘴巴，摸摸你的耳朵，摸摸你的手臂，摸摸你的大腿，摸摸你的尾巴……（学生惊讶：尾巴？怎么摸？）

②过渡：对呀，我们人类是没有尾巴，那谁有尾巴呢？（动物）你知道哪些小动物有尾巴吗？它的尾巴是什么样的？有什么作用？（学生自由说自己知道的有关小动物尾巴的资料。）

③小结：小朋友们真善于观察，知识可真丰富，知道这么多有尾巴的动物。

（2）识字教学：尾巴（读好轻声）

教师一边板书"尾巴"，一边标出拼音。现在请小朋友们跟着老师读一读"尾巴"这个词语。你有什么发现吗？是的，"巴"的拼音上面没有声调，要读轻声，我们要读得又轻又短。谁会读？（指名读、齐读）

（3）创设情境：动物王国今天要举行一项特别的比赛，想请我们班的小朋友们做裁判。你们愿意吗？它们要比什么呢？抬起右手的食指跟着老师写一写"比"字。

（4）认读课题：这就是我们今天要学习的课文《比尾巴》，齐读两遍课题。

过渡：动物王国今天要举行比尾巴呢！比赛马上开始了，看，狮子裁判员把它们分成了两组，参加第一组比赛的三只小动物已经迫不及待地凑在一起开始比尾巴了。

2. 出示问句，读好问句

（1）出示要求，自由读文。这次比尾巴大赛有哪些动物参加比赛呢？赶紧打开课本去读一读，找一找吧！

①学生自由地轻声读课文。（教师巡视）

②找一找有哪些小动物参加了比赛，画出来，只画小动物的名字。

③反馈：参加比赛的小动物都找出来了吗？（板书：六种小动物）我们一起来叫一叫它们的名字。

（2）再读课文，找出问句。那这些小动物是怎么比尾巴的呢？它们参加了哪些比赛项目呢？请小朋友们看语文书。

①请四个同学来读课文，每人读一节，其他的同学要注意听，注意看，注意想，小动物们参加了哪些比赛项目呢？（抽生汇报）

②今天的比赛项目有哪些呢？请看大屏幕。谁的尾巴长？谁的尾巴短？谁的尾巴好像一把伞？

（3）认识问号和问句。

①老师发现这几句话每句话后面都有个像耳朵一样的符号，叫什么呢？（学生答）

②小结：像只耳朵是问号（跟读），像这样带问号的句子叫问句。（出示儿歌：小问号，像耳朵，不懂就来问一问，问过耳朵仔细听。）

（4）出示问句，指导朗读。

①学生尝试读。（大屏幕出示儿歌中的第一句话：谁的尾巴长？）你能试着问一问吗？（自由读）

②指导读出韵味，读好轻重音，读出节奏。

"谁的尾巴长？"这句话比的是什么？（谁的尾巴长？）

所以读的时候要怎样呢？（教师范读）"谁""长"这两个字要读得重。（课件：放大"谁""长"这两个字。）再读，读出问句上扬的语调。

可以读得轻快点。（范读"谁的"轻声，"尾巴"轻声。）"长——"读得长一点。

我们用拍手来表示这句话怎么读，好不好？（教师示范拍手读，读"谁"和"长"的时候拍手打节奏），学生自由练习，再齐读。

小结：拍手读的词既要读得重，又要延长声音。

（出示儿歌：谁的尾巴长？谁的尾巴短？谁的尾巴好像一把伞？）继续拍手读后面的问句。

【设计意图：如何避免朗读指导，特别是一些重读的指导脱离实际，产生概念化、定义化？在设计时深入浅出地采用放大字体、加着重号、拍手打节奏等有层次的朗读指导形式，让学生学会重音的朗读技巧。我们都知道，句子组成中的许多词和短语，在表情达意时，处在不同地位。有的词、短语在表达语意和思想感情上显得十分重要，另外一些则处于较为次要的地位。为了准确地表达语意和思想感情，有时要强调那些起重要作用的词或短语，被强调的通常要读重音，即重读。所以在指导朗读时需要添加一些辅助工具，比如加重音符号、打节拍、添加停顿等，然后通过教师示范朗读、个别指导朗读、拍手有节奏朗读等多种趣味性朗读活动，让学生在实践中习得朗读方法。通过指导，学生由"不会读"到"会读"，从"读流利"到"读出节奏""读好重音""读懂语气、语意"。在这种层次训练中，学生的朗读能力才能发生质的变化。】

第二板块：品悟语言，发现秘妙

1. 品读语段，读好答句

（1）过渡：前面我们已经知道了动物王国比尾巴大赛的项目是什么了，那么比赛的结果怎么样呢？小朋友自己读读第二自然段吧。

（2）师生合作，读出问答句。老师问，你们说出比赛结果。

①谁的尾巴长？——学生答：猴子的尾巴长。（黑板上猴子图片上板书"长"，指导书写"长"）猴子的长尾巴有什么作用呢？（猴子的长尾巴能钩住树枝，让猴子在林中自由穿梭。还能采摘树上的果子，非常方便。）谁能读出猴子尾巴的长？

②谁的尾巴短？——学生答：兔子的尾巴短。（黑板上兔子图片旁板书"短"）谁来说说兔子尾巴短的好处？（兔子的尾巴短小、轻便，能让它灵活地逃开捕食者的捕捉。用处真大！）谁能读出兔子尾巴的短？

③谁的尾巴好像一把伞？——学生答：松鼠的尾巴好像一把伞。（黑板上松鼠图片旁贴"一把伞"）为什么说松鼠的尾巴好像一把伞呢？让我们一起来看看吧。（看松鼠跳下树的动画演示）

松鼠的尾巴能帮助它在跳下树的时候平稳着地，起到降落伞的作用，所以说松鼠的尾巴好像一把伞。松鼠的尾巴多有意思啊！谁想来读读这句话？（个读、齐读）

（3）哪位小播音员想来读读这比赛的结果啊？（个读、齐读）

2. 变换句序，寻找规律

（1）课件出示：一问一答。

采用同桌互读、师生对读。

问：你发现什么规律了吗？（一问一答）

（2）课件出示：三问三答。

互读、学生对读、师生对读。

问：你发现什么规律了吗？（三问三答，体会排比手法的效果）

（3）过渡：儿歌的1、2小节就像两个小朋友在做问答游戏一样，一个问，一个答！真有趣！男女生合作读，分小组合作读，看谁读得好。

（4）小结：刚才我们不仅认识了很多字，还认识了"？"，采用"一问一答"的方式读好了疑问句的语气，背会了儿歌的1、2小节，同学们真厉害！

3. 学法迁移，加深理解

（1）下面我们继续用"一问一答""三问三答"的方式，

同桌合作读，一起读好第3、4小节。

（2）请同桌合作展示读第3、4小节。根据汇报，教师同步完成板书。教师评价朗读展示。

【设计意图：《义务教育语文课程标准（2011年）》把"喜欢阅读"放在一年级阅读教学阶段目标的第一条。在1、2小节的朗读安排上，抓住一年级孩子争强好胜的心理，既有正音读，又有比较读，也有为理解而读，在一次次的比赛朗读中，达到正音、比较和理解的作用。教育学家斯宾塞说："学习任何知识的最佳途径是自己去发现。"教师要热情鼓励学生大胆去观察、去发现。这一环节的设计，正是让孩子们在各种形式的趣味朗读中自己去发现语言的秘妙，感受语言的规律，从而获得成功的愉悦感。】

第三板块：情韵朗读，积累语言

1. 问问答答，读出节奏

（1）师生合作，拍手朗读问句。（出示三个问句：谁的尾巴长？谁的尾巴短？谁的尾巴好像一把伞？）依据轻重音，学生一起拍手读。

（2）过渡：这三个句子都有什么特点？都是什么句子？（都是问句）有问就有答。师生合作读问答句，一边读一边拍节奏。

（3）男女生合作拍手一问一答。

（4）（屏幕空白）师生对答，一问一答，连问连答，背诵儿歌。

2. 边读边做动作，读出韵律

【设计意图：语文教学中既要重视语言表达的内容，更要关注语言表达的形式。这首儿歌语言表达形式的特点是"问答"，因此，指导学生"会问""会答"是本节课朗读教学的重难点。在教学中，引导学生发现儿歌的"问答式"表达形式，再通过师生合作问答、生生合作问答、男女合作问答等生动有趣的朗读活动，让学生反复感受一问一答、三问三答的语言表达形式，潜移默化地渗透"问"与"答"相对应的内容应重读的朗读技巧，并且在熟读成诵中达到语言积累的效果。】

第四板块：模仿佳作，抒发童趣

1. 迁移学法，模仿创编

过渡：小朋友们读得真不错，现在就让我们也来比比谁是我们班的小作家。

（1）配乐欣赏动物图片，学生仔细观察动物的尾巴特点。

（2）同桌说一说：你都看到了哪些动物的尾巴，有什么特点。

（3）同桌合作：用课文中"一问一答"的句式，把你逛动物园看到的动物尾巴的特点说出来。（PPT 出示句式，引导学生仿说。）

（4）指名同桌展示交流。

2. 拓展迁移，创编儿歌

（1）比比小动物的耳朵、小动物的嘴巴、小动物的样子，让学生尝试创作。

（2）把你逛动物园后创编的儿歌分享给你的家人朋友听。

【设计意图：语文是一门学习语言文字运用的综合性实践课程，学习语言的最终目标是运用语言。这一环节的设计在于孩子们了解了儿歌的语言特点之后所进行的模仿创编。教师先提供创编的素材，给学生"搭支架"，通过自主学、合作学、深度学，开拓学生的思维。一年级的孩子模仿能力极强，在教学中，教师可以先示范提问，由学生来回答，既让学生"有法可依"，降低创编的难度，克服学生的畏难情绪，又打开了学生的思维路径，让学生渐入佳境。还可以利用低年级孩子想象力丰富的特点，让他们在有趣可爱的比喻中，感受到语言文字的魅力，培养学生的语言表达能力、创造能力，丰富学生的想象能力、语言表达能力，给学生提供展示交流的机会。】

六、教学特色

《比尾巴》这篇课文采用三问三答的形式，介绍了六种动物尾巴的特点，课文读起来朗朗上口，极富儿童情趣。抓住本文语言趣味性的特点，围绕"比尾巴"大赛的项目及结果设计教学过程，环节与环节之间衔接自然，环环相扣。

1. 在品读中习得言语密码。儿歌《比尾巴》内容简单，节奏明快，韵律优美。比如，"谁的尾巴长？谁的尾巴短？谁的尾巴好像一把伞？猴子的尾巴长，兔子的尾巴短，松鼠的尾巴好像一把伞。"这样的段落不仅读起来轻松欢快，富有情趣，而且语言也简洁明了，爽心悦目，学生能自读自悟。所以在设计中采用了自由读、男女生对读、师生对读、拍手读等各种形式的趣读，体会儿歌中一问一答、三问三答的构段形式，找到语言组织的密码，从而习得语言规律。

2. 在拓展中运用语言文字。"学习语言文字运用"是语文课程的核心任务。《比尾巴》虽然是一篇科普类儿歌，但是其语言非常精练、优美，是进行语言文字运用、言语再创作的一个很好的素材。因此，本课的教学设计根据文本的特点，进行模仿创编，让学生在学习的过程中理解内容，内化语言，形成积累，提高"语用"能力。在仿写了动物尾巴的不同特点之后，还推而广之进行动物耳朵、嘴巴等的创编，学生们领悟了这种句式的要领，就能够越说越丰富，思维也就越拓展越开阔。这样的拓展练习，对文章语言形式的吸收和学习非常有利。学生在这样的环节里既拓展了知识，又训练了语言表达能力。

第三节　"美读成诵"基础学习型的操作策略

现代诗歌教学是小学语文教学的重要组成部分。小学低年段现代诗歌的教学如何进行呢？课堂教学是有其规律可循的，低段诗歌的教学也有章可循，有一定的操作策略。对于低段的诗歌教学，可从以下策略着手：诵读指导，让诗韵散发魅力；品读涵咏，让诗语沁入心扉；诗歌仿写，让诗性溢满童趣。

策略一：诵读指导，让诗韵散发魅力

中国是一个诗的国度。"诗教"是中华传统文化的精华。所以我国古代的语文教育，特别强调诵读涵咏，熟读精思，强调熟读勤读为语文教学的根本法。朱熹就说过："大抵观书先须熟读，使其言皆若出于吾之口。继而精思，使其意皆若出于吾之心，然后可以有得尔。"读，特别是大声诵读，从来都是语文课堂的主线。而相对于低段小语课堂中的诗歌教学，熟读、诵读、品读更是必经之法。

其实每一个人都可以是诗人。李白的"君不见黄河之水天上来，奔流到海不复回"那种想象瑰丽、豪放飘逸，杜甫的"国破山河在，城春草木深"那种忧国忧民、沉郁顿挫，王勃的"落霞与孤鹜齐飞，秋水共长天一色"那种光风霁月，王维的"大漠孤烟直，长河落日圆"那种壮丽雄浑，都是诗。冰心的"春何曾说

话呢？但她那伟大潜隐的力量，已这般的，温柔了世界了！"那样对自然的崇拜，徐志摩的"轻轻的我走了，正如我轻轻的来；我轻轻的招手，作别西天的云彩"那样淡淡的留恋哀愁，林焕彰的"影子在左，影子在右，影子常常陪着我，它是我的好朋友"那样浅显明快、通俗易懂，高洪波的"脚尖滑过的地方，大块的草坪，绿了；大朵的野花，红了；大片的天空，蓝了，蓝——得——透——明！"那样舒缓明丽，也是一种诗。诗似乎是我们心中最柔软的情感，读诗真正应该叫"用诗一样的语言说话"，因为诗情、诗意、诗心、诗性潜藏在每一个人的心中。荷尔德林说："人类诗意地栖居在这个星球上。"巴尔蒙特说："为了看看阳光，我来到世上。"一个人的阅读史，就是一个人的精神成长史。爱诗、读诗就是挖掘我们心中存在的诗意。

如何让诗心、诗情、诗意流露于孩子们的生活中，让孩子们从小就是"诗意地栖居在生活"中，正是诗歌教学的初心所在。那么，应该让诗歌教学回归到诵读的本位，以诵读贯穿诗歌教学的始终。

1. 在诵读中感受诗歌的音韵美

诗歌语言具有音乐性，音乐美是诗的形式的本质。尤其是儿童诗语言优美，节奏明快，诗的音韵富有美感，是指导孩子朗读的最佳材料。如《小小的船》："弯弯的月儿小小的船，／小小的船儿两头尖，／我在小小的船里坐，／只看见闪闪的星星蓝蓝的天。"这首儿童诗运用了大量的叠词，若在叠词处加以强调和停顿，把握好朗读的音调和速度，就能让学生找到诗歌内在的韵律，在读中体会诗歌优美的意境。

　　诗歌朗诵起来如歌如吟，因此，诗歌的教学应诉诸声音表现的世界。很多名师在执教古诗词时就经常会采用吟诵的方式进行，这也是诵读古诗词一种实用方式。有一位老师教学《山行》一诗时就采用了吟诵的方法。

　　他先用情境导入，巧设吟诵氛围。（PPT展示湖南长沙的岳麓山，来到了当年杜牧为满山枫林驻足停留的爱晚亭，出示拍摄的图片）你知道爱晚亭源于杜牧写的哪首古诗吗？（学生回答引出诗题）教师深情讲述，时光又回到了千年前，那年深秋，杜牧驱车来到了岳麓山，山上的美景令他流连忘返，他情不自禁，诗兴大发，吟诵道："远上寒山石径斜，白云生处有人家。停车坐爱枫林晚，霜叶红于二月花。"（音频播放名家吟诵的《山行》）

　　接着他又采用"范吟"感染，引发学生的吟诵兴趣。"范吟"具有良好的直观教学效果。通过老师和名家"范吟"，发挥语言的直观作用，声情并茂地感染学生。

　　然后采取多种方式反复吟诵，激发学生吟诵乐趣。采用配乐集体吟诵，引发全体学生对秋日枫林的仰慕。采用交替吟诵，让男生吟诵"远上寒山石径斜"和"霜叶红于二月花"两句，他们吟出了秋天的静谧萧瑟和枫叶的热烈似火；女生吟诵"白云生处有人家"和"停车坐爱枫林晚"两句，她们吟出了白云的虚幻缥缈和诗人的喜爱陶醉。男女生交替吟诵，将这幅山林秋色图展现于眼前。学生之间互相交替吟诵，接力完成整首古诗词，让女生吟诵欢快喜悦的内容，男生吟诵壮美深沉的内容，从而使吟诵互有变化，呈现出的两种不同美感相映成趣。

以上片段中小学生善于形象思维，而且想象力十分丰富，教师选取了具体的生活体验、思想感情等展开教学，创设生动活泼的教学情境，使吟诵更加贴近古诗内涵，激发学生的吟诵学习兴趣。再用形式不一的吟诵来激发学生的诵读兴趣，无声的诗歌在这里就产生了有声的音韵，使学生感受到了诗歌的音韵之美。

2. 在诵读中感悟诗歌的意境美

《义务教育语文课程标准（2011年）》中指出："要让学生充分地读。在读中整体感知，在读中有所感悟，在读中培养情感，在读中受到感情的熏陶。"现代诗歌是有节奏、有韵律并极其富有感情色彩的一种重要的语言艺术形式，因此，诵读是感悟诗歌意境的最佳方式之一。

基于诗歌阅读的规律，诗歌诵读大致分为三个阶段：初读、熟读、赏读。初读，是为达到"初步熟悉作品，感知作品，扫清文字障碍，了解篇章文意"的目的，这个过程可以采用默读、朗读、反复读，做到字音正确、停顿正确、字句通顺、表情达意，以学生自读为主。只有做到这些，才能在诵读之中初步感知文意。熟读，按苏东坡言："旧书不厌百回读，熟读深思子自知。"在这个过程中学生通过熟读，整体感知内容、构思、表达方式和主旨意蕴。只有在"熟读"的基础上才谈得上"理解"，在"理解"的基础上"熟读"，方为"熟读深思"。例如，《登鹳雀楼》，在学生熟练朗读诗歌后，需要让其理解诗歌的意思及诗歌所表达的情感。诗歌的前两句写作者的"所见"——"白日依山尽，黄河入海流"：一轮红日渐渐西沉，消失在山的尽头，黄河之水滔滔奔腾，咆哮着滚滚而来，流向大海；诗歌的后两句写作者的"所想"——"欲穷千里目，更上一层楼"：想要看得更远，就要站得更高，从而表现了诗人无止境探求的愿望。在理解诗歌意思及所表达的思想感情后，进行朗读体悟，通过读出诗歌的节奏和停顿，感受诗歌中的意境之美。

3. 在诵读中感染诗歌的意象美

儿童诗是中国文化的一大瑰宝，它蕴藏着无尽之美。儿童诗以其纯真、饱满的情感，生动的意象，童真的意境，音乐性的语言等特点，吸引着广大儿童的喜爱。因此儿童诗走进教学势不可挡，它理当受到大家的高度重视。随着统编版新教材的启用，小学语文教学增加了诗歌学习的内容，这无疑是给语文教学注入了一股新鲜的血液，它打破了小学语文教学呆板乏味的状态，带来了勃勃生机。

由于儿童生活阅历较浅，所以儿童诗里的意象多以自然为主，简单地可以概括为这样两大类：山川河流、地理气象等以及动物和植物等。教学诗歌时，引导孩子诵读诗歌，在诵读中感染意象所包含的内涵，从而领悟诗意。所以"意象"一定要讲，把握了意象，才能理解诗歌的大意、思想情感。并且，意象比较具体形象，学生也容易理解。比如古典诗词中"明月"意象可谓最常见，仅李白一人就写了很多。那么月亮代表什么情感呢？"举头望明月，低头思故乡"是李白在思念故乡；"海上生明月，天涯共此时"是张九龄在思念远方之人。思念即代表着没在家乡、没和亲人在一起，所以心情一般会比较低落惆怅，那么诗歌的情感基调自然就清楚了。

再如《江南可采莲》一诗："江南可采莲，莲叶何田田。鱼戏莲叶间。鱼戏莲叶东，鱼戏莲叶西，鱼戏莲叶南，鱼戏莲叶北。"描写的是江南夏天景致。江南本是水乡泽国，一到春夏到处都是绿意盎然的莲池，莲池里莲叶田田，鱼儿无忧无虑地在莲叶下悠游嬉戏。这首诗的气氛悠闲，情境舒适，意象生动活泼，最能引起儿童的兴致，勾起儿童的想象，而且音韵优美，节奏轻快，是非常适合儿童诵读的一首诗。学生在兴趣盎然的诵读中，自然而然地感染了莲叶田田的那份恬淡悠闲的意象之美。

策略二：品读涵咏，让诗语沁入心扉

在儿童的成长过程中，诗歌是不可或缺的精神食粮；在小学语文课堂上，儿童诗歌教学更是承载着陶冶儿童情操、开发儿童思维、发展儿童语言的重任。儿童诗歌的教学价值就在于引导学生在读诗、品诗、赏诗中感受其语言的凝练、意境的隽永、情趣的盎然、表达的独特，从而不断丰富学生的情感世界，丰厚学生的精神底蕴，丰盈学生的生命内涵。诗歌的语言，凝练、优美，有意境、有情感、有韵味、有节奏。优秀的儿童诗选文不但能激发学生的学习兴趣，并且能在潜移默化中教会学生表达方法，积累语言素养。作为语文教师，有责任将儿童诗这种最优秀的文学形式带到儿童身边，让学生在诗歌语言的品读涵咏中，体会其诗意语言的秘妙。

如这首《荷叶圆圆》：

荷叶圆圆的，绿绿的。

小水珠说："荷叶是我的摇篮。"小水珠躺在荷叶上，眨着亮晶晶的眼睛。

小蜻蜓说："荷叶是我的停机坪。"小蜻蜓立在荷叶上，展开透明的翅膀。

小青蛙说："荷叶是我的歌台。"小青蛙蹲在荷叶上，呱呱地放声歌唱。

小鱼儿说："荷叶是我的凉伞。"小鱼儿在荷叶下笑嘻嘻地游来游去，捧起一朵朵很美很美的水花。

诗歌中先后出现了晶莹剔透的小水珠、轻盈可爱的小蜻蜓、放声歌唱的小青蛙和自由自在的小鱼儿，最最关键的是无私奉献的荷叶……每一种物象都寄托着诗人对夏天大自然轻松快乐生活的无限向往，希望可以像诗歌中描述的一样在夏天快乐地玩耍。诗歌中的语言充满了无尽的想象，无限的意趣，无穷的美妙。教学中，教师借助文字引导学生展开丰富的想象，将夏天的生活场景融入其中：碧绿碧绿的荷叶，带给他身边的这些物象多少的快乐，就像一群快乐的孩子在"荷叶"这个场所中尽情玩耍，尽情欢唱。只有在教学中引领学生紧扣诗歌的语言展开想象，将文字构建的图画之美镌刻在学生的意识之中，学生才能真正读出这些物象的意蕴和趣味来。

其实，每一首诗歌的语言都有自己独特的韵味，或雄浑豪放，或旷达飘逸，或含蓄委婉，或风趣幽默，或清新淡雅，或平实质朴。冰心的《雨后》，充满童真童趣，金波的《用目光倾听》，平实的语言中饱含着深刻的哲理。在教学中就应该针对不同诗歌的语言风格，引领学生深入品味，发现其规律，领略其精妙。在课堂上抓住关键词句进行品读，就能帮助孩子以点带面，理清诗歌的语言特色，领悟其规律。如金子美玲的《一个接一个》：

月夜，正玩着踩影子，／就听大人叫着："快回家睡觉！"／唉，我好想再多玩一会儿啊。／不过，回家睡着了，／倒可以做各种各样的梦呢！／／正做着好梦，／又听见大人在叫："该起床上学啦！"／唉，要是不上学就好了。／不过，去了学校，／就能见到小伙伴，多么开心哪！

每一节的第一句，连接上一节的结尾，内容环环相扣。抓住"唉""不过"等词反复读，能够体会孩子被成人世界惊扰后的不开心以及转念之后的喜悦，同时也能发现"顶针"这一规律。

策略三：诗歌仿写，让诗性溢满童趣

"诗是语言的琼浆。"语言学家张志公说过："模仿是学习的必经之路。"儿童诗具有"文字分行，段落相似，句式重复"的独特语言形式，是儿童语言发展的良好模仿阵地。由于童诗词句简洁、想象丰富、意境优美，更有着儿童的视角与情趣，可谓最贴近儿童心灵的语言。仿写童诗，可让学生在用笔触描绘七彩世界、表达内心感动、书写童年美好的同时，积累丰富的素材，提升表达的能力。

1. 从诗歌的切入点仿写

儿童诗之所以是儿童诗，一切皆因"儿童"两字！每一首儿童诗都是一颗童心的跳动，洋溢着儿童的童心、童趣、童味！诗人总是从儿童的年龄特点、儿童的角度来创作儿童诗，用儿童的眼光观察世界，抒写儿童面对美好世界产生的好奇、惊喜及童心的纯真美丽。在儿童诗这一充满神奇的领域中，我们要从儿童的角度去找寻学生创作诗歌的天然动力。儿童诗只有真正打开了儿童心灵的窗户，才能让语言真正走进儿童的内心，让儿童自然纯粹地吸收语言的养分。教学中，教师应有意识地引导学生了解童诗的切入点，并据此帮助学生找到自己想说想写的内容，在此基础上展开仿说仿写训练，可达到事半功倍之效。比如《比尾巴》这首诗，动物总是和儿童最接近，儿童对于动物有一种天然的亲近。诗人正是以儿童的眼光和心灵去观察、感受世界，将儿童具体可感的动物的尾巴转化成了具体生动又朗朗上口的诗句。教学中，教师汲取诗歌中"三问三答"的语言方式，介绍了六种动物尾巴的不同特点，引导学生诵读诗歌、琢磨语言规律，之后出示其他动物的尾巴图片，再模仿课文句式进行仿说仿写的练习。最后还推而广之，于是，《比嘴巴》《比鼻子》《比声音》《比树叶》等一首首语言稚嫩、充满童趣的童诗跃然纸上——

比嘴巴，比树叶，

谁的嘴巴尖？什么叶子圆？

谁的嘴巴扁？什么叶子尖？

谁的嘴巴分三瓣？什么叶子像把扇？

公鸡的嘴巴尖，荷花的叶子圆，

鸭子的嘴巴扁，松树的叶子尖，

兔子的嘴巴分三瓣，银杏的树叶像把扇。

2. 从诗歌的联想来仿写

每一个孩子，天生就是联想家。他们的眼里心里，总是充满着无穷的想象：大树是年长的爷爷，月亮是慈祥的婆婆，落叶是翩翩的舞者；他们会和挂在天上的太阳打招呼，会和水里的小鱼聊天。他们的一举一动，无不洋溢着浓浓的诗意。儿童文学作家樊发稼说过："诗歌，和儿童有着一种天然的默契关系，他们的想象方式、表达习惯和认知渠道，都有着诗的品质。"

而诗的魅力，就来自丰富的想象。儿童诗更是通过丰富的想象创造优美的意境，展现儿童眼里奇妙多彩的世界。因此教学中教师要注意通过提问、展示等各种途径引导学生寻找童诗中联想的内容，让他们展开想象的翅膀，自由模仿，大胆创作，进而感受诗歌的奇妙，体验创作的快乐。如《听听，秋的声音》，就是一首想象丰富的儿童诗。诗人用儿童的眼光与想象去看待自然物，赋予黄叶、蟋蟀、大雁、秋风以人的思想和情怀，让它们跟大树道别、和阳台告别、会叮咛白云、给田野歌吟，向儿童展示了一个充满温情的秋天。教学中，教师可以适时提问："秋天来了，还有什么会说话，会和谁离别？"此时，教师还可以搭建一些阶梯，帮助孩子跳一跳，比如可以提示"青蛙和荷叶分别了，知了最后会和谁唱歌呢？""小草、种子和大地会说什么悄悄话呢？"这些问题像神奇的钥匙，轻轻打开了孩子们美妙的想象之门，一首首小诗借助新颖而又奇特的想象，在孩子们的笔尖尽情倾泻。如：

听听 / 秋的声音 / 知了"吱吱" / 那是和大树的依依惜别 //
一张张枫叶红了 / 像一枚枚邮票 / 邮来了凉爽的秋天 //
一个个橘子黄了 / 像一盏盏小灯笼 / 送来了丰收的秋天

儿童诗具有纯真的童心，韵律流畅，节奏生动，特别贴合小朋友的心理和认知水平。如《青蛙写诗》，青蛙的诗写成了："呱呱，呱呱，呱呱呱。/ 呱呱，呱呱，呱呱呱……"诗的最后一小节特别有趣，教师问，青蛙到底在诗里写了啥呢？学生抓住节奏，联系情境，展开想象，写出了特别精彩的小诗：

淅淅，沙沙，下雨啦；呵呵，哈哈，真开心 / 荷叶，荷叶，像圆盘；荷花，荷花，真美丽 / 蝌蚪，蝌蚪，像逗号；水珠，水珠，像句号。

当然，在教学中，学生的想象之门一旦打开，易出现天马行空、无极限、成人难以理解甚至认为荒谬的想象，教师切不可以成人的视角，以所谓的"标准"去评价学生的想象，而应怀着一颗童心，呵护孩子的想象力，鼓励他们大胆想象，同时要重在引导学生仿照原文的句式、结构将自己的想象用自己的语言表达出来。

3. 从诗歌的生活性来仿写

儿童诗来源于生活，是诗人对生活的感悟。所以在仿写时，可引导学生联系生活中的所思所想来仿写，这样的模仿是带有借鉴性质的，写的形式可以多种多样。对于小学生来说，可就例句进行延续性仿写，可就诗例进行整段仿写。当然优秀的儿童诗更富有生活的情趣，教师在日常教学中要注意引导学生怀着一份"诗情"，尽可能表达自己在日常生活中的情趣。

如《明天要远足》就是一首充满生活情趣的诗：

翻过来，/唉——/睡不着。/那地方的海，/真的像老师说的，/那么多种颜色吗？//翻过去，/唉——/睡不着。/那地方的云，/真的像同学说的，/那么洁白柔软吗？//翻过来，/翻过去，/唉——/到底什么时候，/才天亮呢？

明天要去远足了，诗歌中的孩子，是多么期待啊，翻来覆去，浮想联翩，对于远足，充满了各种遐想。这些遐想所表露的生活情趣，正是儿童特有的纯真的感情和生动快乐的意趣，字里行间洋溢着一种极其自然的儿童情趣。读着这充满童真童趣的诗篇，孩子们很容易激起心灵的共鸣，发出会心的微笑。这时教师只需稍加点拨，孩子们就会想："明天要远足，我会期盼什么，想到什么呢？"于是，一首首具有灵气、富有个性的小诗，就伴随着孩子们对生活的联系而诞生了。语文教学中，教师应充分利用各种童诗、儿歌资源，引导学生带着一颗"诗心"观察生活，揣着一丝"诗意"想象创作，怀着一份"诗情"点燃童趣，让学生在"读"和"仿"的过程中，汲取"写"的内容、形式、方法和视角，建立写作的自信，感受自由表达的快乐。

第二章　"主题欣赏"广域学习型

无论哪种文学作品，都有一定的主题，主题是它的灵魂。做到对作品主题的准确把握，也就抓住了作品欣赏的纲。小学语文教学中，诗歌占有很大的篇幅，而诗歌教学的难点也是显而易见的。

对于诗歌的主题研究，可谓"仁者见仁，智者见智"，不管是古典诗词，还是现代诗歌，各种主题纷杂繁多，对于主题的分类以及欣赏也各有切入点。鉴赏一首诗歌的前提是要了解诗歌的主题，诗歌的主题总是直接或间接地决定了抒情主人公或者诗人的形象及思想感情倾向。把握诗歌的主题，对赏析语言特点、表达技巧也有一定的触类旁通的启发作用。比如在古典诗歌中总会出现以下类型的主题诗歌：忧国忧民、建功报国、边塞军旅、怀才不遇、寄情山水、怀古伤今、思乡怀人、登高览胜、惜春悲秋、贬官谪居、咏物言志、离愁别绪……而同主题的诗歌总有些共同的特征。如苏轼《念奴娇·赤壁怀古》、辛弃疾《永遇乐·京口北固亭怀古》，一看就知是怀古伤今之作；再如王维《送元二使安西》、王勃《送杜少府之任蜀州》、高适《别董大二首》等，这里的"送""别"等关键词就暗示了这些是送别诗。抓住同类的主题进行规律欣赏，对于有效降低诗歌学习的难度所起的作用，是毋庸置疑的。

对于诗歌的主题欣赏，笔者在多年的教学实践中，认为诗歌主题教学可从以下的几个方面加以分类。

诗歌的主题分类参考

	诗歌的主题分类参考	主题的代表特征
1	注意紧密联系作者的身世、所处时代的精神特征等。	王维诗的闲适愉悦，李白诗的傲岸不群，杜甫诗的忧国忧民，陆游诗的爱国激奋等。
2	注意具有深刻文化内蕴的独特意象，从而探求诗歌的主题。	松柏的不屈，梅花的刚毅，兰花的高洁，翠竹的坚贞等。
3	注意题材和主题对应的一般规律。在诗歌中，绝大多数在题材和主题上有着明显的对应规律。	军旅边塞诗大多表达对戍边将士及其思妇的同情，对战争的厌恶，对统治者穷兵黩武的批判，对将士奋不顾身保卫国家的赞颂。田园诗往往表达对田园生活的热爱，对污浊官场生活的厌倦。

	诗歌的主题 分类参考	主题的代表特征
4	注意诗歌的意境色彩，"诗中有画"这句话不只适用于王维的诗，在绝大多数诗歌中都蕴含着一幅色彩绚丽的图画，而有些诗本身就是题画诗。	苏轼《惠崇春江晚景》是题画诗，王维的《鸟鸣涧》《竹里馆》《山居秋暝》等诗则是诗如画。品读这些诗，如脑中有一幅画缓缓展开，让人陶醉。如深夜如豆的孤灯，通宵拍窗的苦雨，失群哀叫的孤鸿，满山飘飞的黄叶，这样的色彩格调表达的多是哀愁伤感、孤独忧伤的情怀；而澄江丽日、红花白鹭、绿树飞鸟、碧草彩蝶等意境，色调是温暖明亮的，表达的大多是乐观向上的主题。
5	注意诗歌中的关键词，尤其是直接表达情感的那些词，因为它们往往是诗眼。	如"春夜喜雨"中的"喜"，"这次第，怎一个愁字了得"中的"愁"，"多情自古伤离别"中的"伤"，"一夜征人尽望乡"中的"望"。
6	注意主题的单一性和复杂性。有些诗歌的主题是复杂的，我们可称之为复合主题；而有些诗歌的主题是单一的，我们可称之为单纯主题。	《春晓》的主题很单一，只是为了赞美春天早晨的美好；《静夜思》的主题是为了表达对家乡和亲人的思念；而有些诗歌的主题相对复杂一些，人们可以做多角度解读，如《长恨歌》。

续　表

诗歌的主题 分类参考	主题的代表特征
7	注意采用比较的方法，不但要把所读的诗与作者的其他诗做比较，还要把所读的诗与其他作者相近的诗做比较。通过比较，思路会更开阔一些，对主题的理解会更多地接近本质。	陆游的《游山西村》，可与他的《西村》做对比，两首古诗相同的是都描写乡村风光和对乡村的热爱，不同的是一首侧重写乡村风情民俗，一首侧重写自然风光。贾岛的《寻隐者不遇》和魏野的《寻隐者不遇》都以此为题，意境和主题也相似，但是在形式、内容、表现手法上有很大的区别。

　　《义务教育语文课程标准（2011年）》在"教学建议"中指出，"学生是语文学习的主体，教师是学习活动的组织者和引导者。语文教学应在师生平等对话的过程中进行"，并提出"积极倡导自主、合作、探究的学习方式"，强调"充分发挥师生双方在教学中的主动性和创造性"，因此，语文教学过程也应该成为教师与学生追寻主体与自由的过程。在小学语文教学中，诗歌教学也应"努力建设开放而有活力的语文课程"，真正让学生在自主合作中快乐自由地学习诗歌。这正是我们诗歌教学的追求，而"主题欣赏"广域学习型教学追求的就是学生在自主合作中探究学习。

第一节　"主题欣赏"广域学习型的课型特征

中国是诗的国度，一部中国文学史，即是诗的发展史。从第一部诗歌总集《诗经》开始，直至《楚辞》、汉乐府诗、南北朝民歌、唐诗、宋词、元曲、现代诗等，在 5000 年的中华文化发展长河中出现了这么多种诗歌形式，可见其独特的艺术魅力经久不衰，是中华民族的文化精华所在。孔子说："不学诗，无以言。"的确如此，诗歌对于人们心灵的塑造、文化素养的提高、和谐社会的建设起着不可估量的作用。

诗歌在我们当代教育方面也拥有重要地位，发挥着重要作用。没有诗意的人生是不完美的人生，诗是人类心灵的润滑剂，"诗歌以其丰富的思想内涵和精湛的艺术手法蕴藏的美质，成为培养学生审美能力，进行艺术鉴赏的宝库"。统编本小学语文的古诗文篇目十分丰富，小学一年级开始就有古诗，整个小学 6 个年级 12 册共选有古诗文 132 篇，平均每个年级 22 篇，占课文总数的 30% 左右。《义务教育语文课程标准（2011 年）》中关于诗歌方面的要求，在课程目标与内容部分主要按照以下三个学段展开：第一学段为 1 至 2 年级，诵读儿歌、童谣和浅近的古诗，展开想象，获得初步的情感体验，感受语言的优美，积累自己喜欢的成语和格言警句；背诵优秀诗文 50 篇（段），课外阅读总量不少于 5 万字。第二学段为 3 至 4 年级，诵读优秀诗文，注意在诵读过程中体验情感，展开想象，领悟内容；积累课文中的优美词语、精彩句段，以及在课外阅读和生活中获得的语言材料，背诵优秀诗文 50 篇（段）。第三学段为 5 至 6 年级，阅读诗歌，大体把握诗意，想象诗歌描述的情境，体会诗人的情感，受到优秀作品的感染和激励，向往和追求美好的理想。由此可见，诗歌在部编版小学教材中所占的重要地位及作用，对于诗歌教学也就有着举足轻重的认识了。而采用"主题欣赏"广域学习型诗歌教学，对于提高诗歌教学的广度和深度，都会是不可多得的一种好方法。

一、"主题欣赏"广域学习课型的主要特征

古人云："诗无达诂。"很多诗歌都处于"只可意会，不可言传"的模糊状态中。很多诗歌，特别是古典诗词，很难用语言阐述清楚和加以规定，诗歌中表达的内涵总是"仁者见仁，智者见智"。由于诗歌高度的概括性、鲜明的形象性、意象的复杂性、语言的跳跃性等特点，所以在诗歌教学中，无论是古典诗词，还是近代新诗，大家普遍感觉难教。如何把这些"只可意会，不可言传"的东西传达给刚刚进入学习期，还没有形成固定的思想观念的小学生呢？

诗歌特有的凝练、主题、意境、情感，是诗歌作为一种特别的文学体裁，与其他文学体裁最明显的区别。那些伟大的诗人总是能透过简短凝练的文字传递无比丰富的内涵、情感，要知道这

些信息，必须透过诗歌中的表象去把握其意境。因此在小学诗歌教学中教师要注重学生对诗歌意境的感受和对诗歌情感的体验。我们可以通过对优秀诗作的阅读、欣赏，促进学生理解诗作的主题、意境、思想感情、语言艺术、写作方法等，以达到学生训练语言、积淀诗情的目的。

二、实施"主题欣赏"广域学习课型需要遵循的原则

欣赏一首诗歌，不仅需要我们能够背诵下来，更需要我们能够理解诗歌的意境、诗歌的内容、诗歌的背景，最重要的是把握诗歌的主题。无法体会和理解诗歌主题就等于没有读懂诗歌，而只有把握好诗歌的主题才能更好地学习和提高对于诗歌的欣赏。那么，实施"主题欣赏"广域学习课型需要遵循以下的原则。

（一）广域性

诗歌有很多的主题，诗歌的意境深广，富于形象，长于抒情，它的主题意蕴是丰富多彩的，又是具体鲜明的。鲜明的意象形象及细节，能深刻地凸显诗歌的主题情韵和内涵意趣，即所谓的"言外之意""味外之旨"。因此，把握诗歌的主题，凭借诗歌的意象特征、艺术手法，来分析作者的内心情感，能够在诗歌的欣赏中，最终与作者达到心灵上的共鸣。诗歌主题欣赏课，就是围绕某一主题，对同类的相关作品进行学习，涉及诗歌的题材、风格、内容、主题，范围比较广泛。

（二）主题化

诗歌主题是整个作品的"诗眼"，决定着语言、意象、情感等。为了便于同类诗歌的对比学习，围绕同一主题展开学习比较容易操作。所以说了解诗歌的主题，是进行一首诗歌鉴赏的前提，更是诗歌教学的主旨。而对于小学生来说，由于年龄的限制，由于知识和阅历的局限，他们对诗歌主题的感悟和把握有一定的难度。因此，关注诗歌教学中的主题化，给予一定的方法和技巧指导，有助于提高学生的阅读水平。

（三）重理解

"诗无达诂"，阅读指导的过程中也不能忽略学生个性化的解读。在诗歌教学特别是古诗教学中，一直强调背诵与积累，而对于分析与理解则比较忽略，总是生怕一分析、一理解，就会被挂上"讲授课"的标签，从而直接导致愈演愈烈的死记硬背。其实我们都知道理解才是背诵与鉴赏的基础，缺乏理解的背诵与鉴赏，不仅低效而且也不合乎新教育的新理念。孤零零的一首诗，很容易沦落为汪洋大海中的一叶孤舟。要想牢记它，让它成为自己的"活性知识"，就应该从主题、内容、思想感情等方面加以理解，甚至还可以将它与其他诗歌"关联"起来，构成主题与内容上的某种关系加以理解和背诵。有了这样的参照系，背诵带来的是更真切的理解，还有理解之后的快乐。

所以在"主题欣赏"广域学习型的诗歌教学中，学生要在主题式的研究中，学会鉴赏，学会从诗歌中发现秘妙，就要反复读，善于比较，这很大程度上也是在提高学生的阅读理解力。

第二节　"主题欣赏"广域学习型的课例研究

"主题欣赏"广域学习课型基本上可以按照以下的流程进行操作。

1. 欣赏范诗，赏出特点。要让孩子们学会欣赏诗歌，就必须教给孩子们欣赏诗歌的方法，那么，选择有明显特点、充满诗歌个性风格的范诗，就显得尤为重要了。诗歌的主题欣赏，尤其是古诗的主题欣赏，应该抓住诗歌的语言、内容、形式等特点进行，而不能直奔欣赏之目的而忽略诗歌本身的特点，犹如未筑基础而欲先建楼厦，这样常常会导致诗歌理解片面化、表面化、零散化，甚至出现理解错误，从而不知诗歌言外之意、作者真正用意，对于诗歌主题欣赏的把握，或南辕北辙，答非所问，或黄鹂

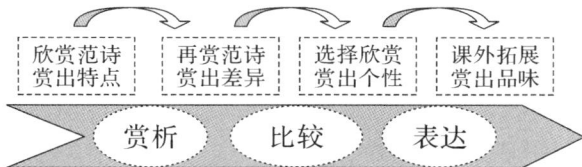

"主题欣赏"广域学习课型操作流程图

鸣翠，不知所云，或张冠李戴，乱点鸳鸯。总之，诗歌的主题欣赏，应依据诗歌特点，有的放矢。或抓住语言特点，或注重形式结构，或挖掘内容主旨，由表及里，由浅入深，方能水到渠成。因此，在教学中，教师应利用范诗，引导孩子赏出诗歌的特点，方能体现"主题欣赏"广域学习型课堂教学的特点。

2. 再赏范诗，赏出差异。关于阅读书籍，有一句非常经典的名言，"一千个读者就有一千个哈姆雷特"。其实，诗歌欣赏也是如此。对于很多诗歌，读的人不同，读的时间不同，其感受也不相同，特别是古诗，短小精悍，意蕴深远，时间跨度又大，理解起来的差异性就更大了。而学生个体的个性和认知风格以及原有水平都是不同的，所以对于诗歌的欣赏能力也就大不相同了。而诗歌的教学其实是师生与作者、作品多重对话的过程，并在这一过程中获得了人格的完善、素养的提高和审美的享受。所以，在诗歌教学中，应引导学生在多次欣赏范诗后，有自己的理解和体会，这是孩子学习主体地位的体现，也是"学为本"教学理念的体现。

3. 选择欣赏，赏出个性。现代诗人何其芳对于"诗"的概念是这样诠释的："诗是一种最集中地反映社会生活的文学样式，它饱和着丰富的想象和感情，常常以直接抒情的方式来表现，而且在凝炼与和谐的程度上，特别是在节奏的鲜明上，它的语言有别于散文的语言。"也就是说诗的语言就像"删繁就简"之后的"三秋树"，简练精纯到极点，形成巨大的艺术空白。诗人只用有限的文字对读者进行暗示、启悟、调动，让读者也参与创作（二度创作），用自己的生命、情感、思想、经验去补充、去充实，将诗中内涵的意思填补出来。"诗无达诂"，读者不同，填补结果自然千差万别，这就是诗歌欣赏中的个性体现。所以，在"主题欣赏"广域学习型诗歌教学中，引导孩子选择诗歌中的某些内容，赏出自己的个性，是诗歌教学更高一层的境界了。

4. 课外拓展，赏出品味。"得法于课内，得益于课外"，这是叶圣陶关于语文教学的宗旨，旨在告诉我们课堂教学中教给学生阅读的方法，无疑能大大提高学生的阅读能力，从而大大提升课外阅读的效果，使得课内得法与课外得益相得益彰。诗歌教学对于方法更是重视。很多诗歌的创作都有特定的历史背景，尤其是古诗词，比较生涩，这就要求学生学完一首古诗后，对诗歌内容进行拓展延伸或进行反思。当学生掌握了一定的学习方法后，就基本可以跳出教材，独立地感悟诗歌的魅力了。学生的品味会得到不断的提高，从而激发他们更强烈的学习欲望。

"偶然读到另外一首诗，让我有了新的启发。"这是诗歌学习中经常遇到的情况。这"偶然"的阅读材料，应该对诗歌教学产生新的思考，将"偶然"的阅读材料，变为诗歌教学的"必然"内容，带领学生进入更深层次的"品味"，突破学生"入境"的障碍。关注诗歌教学内容的生命力，更需要有意识地进行课外拓展，这样才能催生诗歌教学的新活力，照亮语文课堂。

案例：阅读《春的消息》

一、案例的缘起

《我们去看海》，笔者第一次听到它，是从班里的一个孩子口中背出来的。他说他只读了两遍就从头背到了尾。是的，他说他非常喜欢这首诗歌，因为读起来好有画面感。于是，笔者让他把这首诗背给了全班小朋友听，大家都喜欢上了这首诗，也喜欢上了这首诗的作者。

是的，这位作诗之人，开启了太多人对于诗歌的认知。因为他有一支会写童梦的笔，一双会笑的眼，他就是著名的儿童文学作家——我们的金波爷爷。

金波，著名儿童文学作家。1957年开始发表作品，1979年加入中国作家协会。作品曾多次获得国家图书奖、"五个一工程"奖、中国作家协会全国优秀儿童文学奖、宋庆龄儿童文学奖、冰心图书奖、全国幼儿图书奖。1992年获国际安徒生奖提名。《雨点儿》《树和喜鹊》选入统编版小学语文教材。

于是，笔者想，来一次金波儿童诗的阅读，肯定很有收获。

二、案例的实施

和孩子们读诗、唱诗、画诗，真是美好的享受。那么，怎样让整本书阅读能力测评也变得美好一些呢？著名儿童阅读专家岳乃红认为：整本书阅读测评是对一定时间内，儿童阅读整本书的状况进行全面的了解，并通过一定的阅读测评方式，考察学生阅读某一整本书时相关阅读能力的发展水平，借此指导和帮助学生提高整本书阅读能力。

（一）测评目标

根据金波《春的消息》的教学价值和导读、推进、分享三类课型的教学目标，以及第一学段的年段特点，笔者确定了三个方面的测评目标。

1. 通过谈话、朗读、背诵、歌唱等形式，测评学生对《春的消息》的阅读兴趣和主动积累的习惯。（兴趣、习惯）

2. 通过填空、连线、选择、仿写、绘画、演故事等形式，测评学生在阅读《春的消息》的过程中，形成的多角度阅读儿童诗的能力。（方法、能力）

3. 通过朗诵、推荐等形式，测评学生在阅读《春的消息》过程中，对于金波儿童诗主题和作者情感的初步感受能力。（品味）

（二）测评形式

《春的消息》阅读能力测评，为口头测试与书面测试相结合、定量评价和定性评价相结合。经过精心设计、反复筛选和实践验证，确定了"我爱朗读""我爱演故事""我爱积累""我是火眼金睛""我会创编""我会画诗"等测评活动。

1. 口头测试

（1）活动名称："我爱朗读"

活动内容：朗读，更能让我们感受到读诗的乐趣。读给伙伴听，读给家长听，读给老师听……读了《春的消息》，把你最喜欢的一首诗与伙伴、家长、老师分享吧！还可以说说你喜欢的理由。

活动方式：朗读、推荐。

学生选取自己喜欢的诗歌，读给伙伴、父母、老师听，从"读音正确，朗读流利；声音响亮，态度大方；能说出1~2条喜欢的理由"三个方面，采用学生自评和小组互评的星级评价，老师和家长采用"肯定优点＋提出建议"的定性评价。

【测评意图：本项活动主要检测学生在《春的消息》阅读中的联结运用能力和做出评价的能力。推荐自己最喜欢的诗歌，包括了学生对文本主题、结构、表达等方面的判断、评价和欣赏。推荐诗歌，在分享中感受阅读儿童诗的乐趣。】

（2）活动名称："我爱演故事"

活动内容：在《春的消息》中，《在果园里》《我的雪人》《迷路的小孩儿》《蟋蟀》……给我们讲了一个个充满童真的故事。请选择一首，和小伙伴一起演一演。

活动方式：演故事。

学生自由组合为 6~8 人的小组，选择《春的消息》中感兴趣的叙事诗，提前一周时间，在测评团队（老师和部分家长代表）的指导下分配角色、编排动作、制作头饰、情境表演等。

【测评意图：本项测评主要检测联结运用能力，是与文本、生活的联结与运用。同伴分工合作，恰当的语气、表情、手势、道具、服饰等辅助表演，能更好地理解诗歌内容，感受阅读叙事诗的乐趣。本项测评活动，也是分享课上演故事活动的延伸，是对学生学习和教师教学的检测。】

2. 书面测评

（1）活动名称："我爱积累"

活动内容：诗，是最美好的语言。一边读诗，一边把喜欢的小节记下来。

如《风从我指间穿过》：

风里有（　　　）。

……

《狗尾草》：

一会儿，

变成了一只小狗，

送给我，

我抿嘴（　　）了；

……

活动方式：填空。

从《春的消息》中选取经典片段，以答题卡的形式，填写留白的名词、动词等，引导学生积累经典诗句。

【测评意图：本项测评主要检测阅读诗集过程中提取文本信息的能力。《风从我指间穿过》填"花香""鸟鸣""歌声"，《狗尾草》填"笑""跳""跑"。即从文本中提取直接陈述的信息，引导学生积累经典诗句。】

（2）活动名称："我是火眼金睛"

活动内容：《春的消息》精选了金波55首儿童诗。诗集中有的描写自然景象，展现了一幅幅美丽的图画；有的叙述儿童生活，讲述了一个个有趣的故事。

下面的诗中，（　　）描写了美丽的自然景象，（　　）叙述了有趣的儿童故事。（把序号填在括号里）

A.《会飞的花朵》　B.《狗尾草》　C.《雨中的树林》

D. 《星星和花》　　E. 《数狮子》　　F. 《紫桑葚》

活动方式：选择。

以答题卡的形式完成以上选择题。

【测评意图：本项测评主要检测整体感知诗集写作内容、写作对象的能力。《春的消息》有的描写了美丽的自然景象，有的叙述了有趣的儿童故事。分类选择，目的是"指导和帮助学生提高整本书阅读的能力"。】

（3）活动名称："我会创编"

活动内容：金波爷爷观察生活，用文字描绘图画，记录感受，写成了一首首有趣的小诗。学着《湖》来写一写小诗，体验当小诗人的乐趣吧！

活动方式：仿写。

【测评意图：本项测评主要检测联结运用能力。模仿例子学写小诗，是与文本、生活的联结与运用，能更深入地理解儿童诗，培养语言表达的能力。】

（4）活动名称："我会画诗"

活动内容：金波爷爷《春的消息》，为我们描绘了春天烂漫的花园、夏夜闪烁的星空、秋天丰收的果园、冬天飘舞的雪花。请你选择一首诗，描绘大自然美好的图画。

活动方式：绘画。

【测评意图：本项测评主要检测联结运用能力。根据诗歌绘画，这是与文本、生活的联结与运用。学生学习诗歌，在自己已有生活经验的基础上大胆想象，描绘景物，能帮助学生更深入地理解和表现儿童诗。二年级学生能描绘出景物即可，有大胆的想象和鲜明的色彩更佳。】

三、案例后的反思

1. **更新测评观念**

在《春的消息》能力测评中，研究团队进行了理论学习和策略提炼，特别是对家长代表进行了操作培训。测评，不再是"教师一言堂"，也不仅仅是"分数 + 等级"。教师放低姿态，慢下脚步，让学生自信、快乐地站到教室中央，展示阅读的收获，甚至是点滴的进步。

2. **关注测评过程**

《春的消息》整本书阅读能力测评，设计了"我爱朗读""我爱演故事""我会创编""我会画诗"等与学习过程一脉相承的测评活动。测评前，学生自由组合为6~8人的小组；提前抽取题目，一周时间准备；选取家长代表，参与测评过程中的指导和评价。

《春的消息》阅读活动为期一个月，能力测评延续二至三周，落实到小组和每一位学生。尤其是"我爱演故事"等活动，以小组为单位，关注了团队的协作能力。同时，测评还要关注孩子的个性特点，以及地区、校际之间的差异。总之，能力测评要客观地反映儿童阅读整本书的水平，更要对学生阅读《春的消息》起到推动和提升的作用。

3. 丰富测评形式

丰富的评价形式，给予了学生更广阔的展示空间和更美好的阅读体验。比如，老师这样评价一位学生阅读《崖上松》的朗读：孩子，你读音正确、朗读流利、声音响亮、态度大方，把《崖上松》读成了一幅画，真会读书！你喜欢风雨中的崖上松，如果像金波爷爷一样观察生活，你会成为了不起的小画家、小诗人！

第三节　"主题欣赏"广域学习型的操作策略

诗是弥漫着、生长着的情感，是从作者、从读者的内心深处生发出来的情思，所以每一首诗都有一定的主题，表达着诗人特定的思想。要进行诗歌的阅读欣赏，前提是了解诗歌的主题，诗歌的主题直接决定了抒情主人公形象及思想感情倾向。"主题欣赏"广域学习型课堂就是从主题入手，通过比较、联想，把握诗歌的主题，品味诗歌的语言，引领学生走进诗歌这个陌生却多彩的世界，从文字阅读浸润到文化阅读，从而使一首首诗歌成为他们心灵的栖居地。

策略一：紧扣主题，赏析诗文

低年级孩子对儿童诗的解读能力较弱，也无须对写作技巧做过多分析，但也不能只停留在一种朦胧的直觉感知阶段。小学生在学习诗歌的时候，不能只是为了学习而学习，为了记忆而死记硬背，这样既不能让学生感受诗歌的意境，又不能去享受诗歌的美妙。因此，教师可以从诗歌的题目、注释、意象表现、修辞等方面，紧扣主题，引导学生深入欣赏。由于诗歌语言的跳跃性和主题表达的含蓄性，要想把握一首诗的主题，对于小学生而言是较为困难的，这就需要我们教给一定的方法和技巧。

1. 破解题意，寻找主题线索

无论哪种文学体裁，文章的题目总是"文眼"。认真对待文章的题目，尤其是题目中涉及的关键词，对于理解文章的主题起着很大的作用。诗歌更是如此，我们可以从破题入手，揣摩诗歌题目的意思，或者通过对文章的用词用字进行揣摩，发现题目的精妙。因为诗题对于诗歌的内容或主题总会有或明或暗的揭示，从题目中我们可以大致把握诗歌的内容走向、题材类别、表现手法、情感基调等，为诗歌欣赏打下一定的基础。如苏轼的《念奴娇·赤壁怀古》，从题目我们能判定这是一首怀古咏史诗，这一类诗歌常会用到的表现手法是借古讽今，抒发的情感一般是壮志未酬的华发之叹。再如，王维的《送元二使安西》，李白的《黄鹤楼送孟浩然之广陵》等，从题目的"送"字，我们就不难发现这是送别诗，古人的送别总是会借助一些特定的事物或场景，比如柳枝、驿亭、旅舍、江边等，来表达对友人的依依惜别之情或者离愁别绪。另外，从题目还能感知作者的喜怒哀乐，尤其注意诸如"怨、咏、送、别、忆、赠、吟、怀、寄"等字眼。如《忆江南》："忆"即回忆与怀念之意；《咏柳》："咏"即吟咏、赞叹之意；《闺怨》："怨"即幽怨之意，等等。

可以说，"欲解其诗，必知其题"。教学中，要让学生从题目读起，循序渐进地掌握初读诗歌的技巧，是诗歌教学的必经之路。"歌诗合为事而作"，诗人的每一首诗，都是因为心中有感慨才吟诵出来的。如杜甫的《春夜喜雨》，读着这个诗题，我们仿佛已经感受到诗人的那一份喜迎春雨的欢悦。杜甫写这首诗的时候，他正在农村耕种，所以他也和农民一样盼望一场春雨的降临。诗中表达的正是他一生关心民众疾苦的悲天悯人思想。教学时，可先让学生从读诗题中体会杜甫的思想情感。初读诗题，说说其中哪个字能够感受到诗人的心情，再说说春雨会给哪些人带来喜讯，从而明白杜甫为什么高兴，感受诗人忧国忧民的情怀，以及他对春雨的渴盼和赞美之情。通过对诗题的探讨，找到诗人喜悦的内心基调，为整首古诗的主题欣赏打下基础。

2. 用好注释，寻求主题突破

教材是教师传道授业的重要工具和载体。教科书中的导读、提示、注释等都是辅助教师开展教学活动的关键内容。部编版教材中的诗歌，尤其是古诗，基本上课后都安排了诗歌的出处以及难点字词的注释，它往往给学生传递许多信息。而新课标关于诗歌教学的建议里也提出关注学生学习方法的习得。古诗文的注释则是帮助学生理解古诗文的重要途径之一。所以，教学中对于诗词下面的注释不能忽略，利用好注释是学习古诗的一种基本方法，也是基本技能。

古诗中的注释一般包括以下几种类型：

（1）地名注释。如《望天门山》中对天门山的注释，既说明了现今天门山所在的地理位置，又说明了天门山这一名称的由来。对楚江的注释则表明了这一称呼的历史由来。

（2）词牌名注释。如《长相思》《清平乐·村居》的第一个注释，就说明这是"词牌名"。

（3）描述性注释。如《黄鹤楼送孟浩然之广陵》中注明诗中"故人"一词是指老朋友。《游山西村》中指出"腊酒"是在农历腊月酿的酒。《墨梅》中"乾坤"的意思是天地间。

（4）异义字词注释。如《暮江吟》中的"可怜"一词是可爱的意思。《秋思》中"行人"为带信的人，"开封"并非地名，而是指拆开封好的信。

（5）读音、通假字注释。如《清平乐·村居》中"乐"读音并非"le"，而是"yue"；"亡赖"中的"亡"同"无"，此处指淘气、顽皮。

（6）物品或名称注释。如《夜书所见》中"促织"又名蛐蛐，学名蟋蟀。《长相思》中"榆关"指如今的山海关。

教学中，教师应引导学生利用注释大致了解古诗的基本内容，并通过教师的讲解，结合注释，形成对古诗所表达感情与意境的认知，更加深刻、透彻地体会古诗的主题。

3. 找准"诗眼"，把握主题精要

所谓的"诗眼"，就是指在诗歌中最能开拓意旨和表现力最强的关键词句。抓住了诗眼，就能捕捉最佳信息，深入挖掘诗词意蕴。如白居易的《忆江南》，第一句就揭示了诗眼"江南好"，然后通过"日出江花"的红、"春来江水"的绿等江南水乡风光的异色对比，向我们展示了一幅明丽如画的江南春景，从而引出了主题"能不忆江南？"的"忆"，表达了自己对于江南风光的无限赞叹和深切怀念之情。再如柳宗元的《江雪》，"独"字是诗眼。从全诗的意思看，它紧承前文"鸟飞绝""人踪灭""孤舟"等景致，勾画出一幅"寒江独钓图"的画面：千山耸立，万径纵横，但山无鸟飞，径无人行，只有一叶孤舟、一个蓑笠翁。从诗歌形象上看，"独"字准确形象地刻画出钓者远离尘俗、清高脱俗、傲岸不群的个性特征。从本诗的写作背景看，"独"字准确地展示出作者"永贞革新"失败后连遭贬斥的孤独景况，也展现了作者始终顽强不屈的精神状态。总之，"独"字笼罩全篇，具有很强的概括性，堪为诗眼。

对于小学生来说，寻找古诗中的诗眼可关注以下几点：（1）动词。如《暮江吟》的"铺"字，不但形象地写出了"残阳"已经接近地平线，几乎是贴着地面照射过来的景象，而且这个"铺"字也显得平缓，写出了秋天夕阳的柔和，给人以亲切、安闲的感觉。（2）形容词。它对"象"起修饰作用，是表情达意的关键。如"随风潜入夜，润物细无声"的"细"，脉脉绵绵，写自然造化发生之机，最为贴切。（3）尾句。很多诗人喜欢在尾句采用直抒胸臆的手法来写，这对于把握全诗的主题精神很有利。如白居易的《钱塘湖春行》尾联"最爱湖东行不足，绿杨阴里白沙堤"，就是直抒胸臆，直接揭示了主题：我最爱的还是湖东，在那白沙堤上，杨柳吐翠，绿树成荫。徜徉其间，总让人流连忘返，怎么游也游不够。尾联即景抒情，直接吐露诗人对西湖的由衷喜爱之情。诗眼是古诗词中最能开拓意旨和表现力最强的关键词句，抓住诗眼，对于领会诗歌的主题精神具有重要的作用。

4. 了解诗人，体会主题情感

"诗传情""诗言志"，诗歌是作者内心的真正表达，学生应该本着知人论世的原则去阅读鉴赏不同时代不同诗人的作品。

以诗圣杜甫为例，在大家的印象中诗圣杜甫是天下苍生的代言人，诗风一贯以沉郁顿挫而闻名。其实诗圣也不乏轻松从容的诗作，如诗圣经历战乱后在朋友的资助下在成都的浣花溪畔建造了一个暂时的家——浣花草堂。其间，诗圣写了大量的写景抒情的诗歌，诗风清新质朴、淡然从容，描绘了大自然的明丽欢快的景象，尽情倾吐了对理想人居环境的由衷渴望，散发着梦想的芬芳。如果我们了解了杜甫的生平经历，对他这类"异于平常"的诗作理解就会容易得多了。

当然，学生最好在日常学习中能够积累一定的主题类别，比如忧国忧民、建功报国、边塞军旅、怀才不遇、寄情山水、怀古伤今、蔑视权贵、思乡怀人、生活杂感、登高览胜、惜春悲秋、咏物言志、离愁别绪等。对文学史中重要的作家风格也能有个大概的了解，如王维的"诗中有画，画中有诗"，白居易的通俗易懂，李白的感情奔放、极富浪漫色彩，杜甫的沉郁顿挫、诗风富于变化等，了解这些对于诗歌的主题欣赏将带来很大的帮助。

5. 抓住意象，加深主题形象

所谓的意象就是客观事物被赋予了主观情感。作品中所写之"景"、所咏之"物"，即为客观之"象"；借景所抒之"情"、咏物所言之"志"，即为主观之"意"；"象"与"意"的完美结合，就是"意象"。如古人一说到思乡，总是和"月亮"联系在一起；提及"梅""菊"，就带上了清芳高洁、傲雪凌霜的意趣。又如柳，我们看到的就是大自然中多数栽在河边的枝条轻飘的一种树，但是它一旦进入古诗词里，就不再是一株单纯的自然之树了，它代表的是诗人内心的一种情感。柳者，留也。因为柳和留音相近，所以它象征的是不舍、留恋之情，这类诗的主题就是离愁别绪。如"此夜曲中闻折柳，何人不起故园情"（李白《春夜洛城闻笛》），"渭城朝雨浥轻尘，客舍青青柳色新"（王维《送元二使安西》）。在教学中，只有让学生弄清楚意象的寓意，才能较好地深入诗歌和作者之中，领会作者的意图，达到主题欣赏的效果。

策略二：比较联想，品味意境

诗歌的主题欣赏与人的直觉、想象、情感活动是密切相关的。德国古典哲学家康德在对于"美的分析"中说："为了分辨某物是美的还是不美的，我们不是把表象通过知性联系着客体来认识，而是通过想象力与主体及其愉快或不愉快的情感相联系。所以鉴赏判断并不是认识判断，因而不是逻辑的，而是感性的（审美的）。"可见"想象力"在对于美的欣赏中所起的作用。儿童阶段正是想象力最丰富的时期，联想与想象是低年级儿童欣赏诗歌最好的方法，因为儿童想象力特别丰富，可以把抽象的文字符号转换成有声有色的画面。运用联想和想象，走进童稚而优美的诗歌意境中，诗歌才会在儿童的血液里流淌，成为他生命的一部分。

引导学生展开想象进行诗歌的"主题欣赏"学习，可从以下方面着手。

1. 对比参照，感受诗情

"要鉴赏文艺，必须驱遣我们的想象"，诗歌的创作离不开想象，诗歌的阅读也要借助想象对作品的艺术形象进行再创造，才能把握诗歌中的形象，领会蕴涵其中的弦外之音、言外之意。同一主题的内容，有很多的古诗，但内容、角度、方法等却大相径庭。课堂教学中，教师可以围绕诗歌的主题思想，引导学生进行想象对比，使学生感受人物，体会诗情。如我校老师在教学《池上》这首古诗时，是这样进行的。

第一板块：学习《池上》

师：这首诗写的是一个小娃娃偷采白莲的事儿，你们看看图、读读诗，再和同桌讨论这小娃娃的表现是不是偷偷摸摸的，并说明理由。

生1：这小娃娃不知道把偷采的白莲藏好。

生2：这小娃娃一边划船，一边唱歌，不像偷偷摸摸的样子。

师：能不能到诗中找找答案呢？

生3：小娃娃不知道自己撑了船，河里的浮萍分开来，留下了痕迹，人家会知道的。

师：对，不知道隐藏自己的踪迹。

第二板块：学习《小儿垂钓》

师：这个小孩子在学大人钓鱼，大家轻声读读古诗，看看他学得像不像？哪里像？

生4：这孩子钓鱼时十分专心。

师：你是从哪里看出他专心的？

生5：我是从"路人借问遥招手，怕得鱼惊不应人"这句诗中看出孩子十分专心的。

生6：我有补充。从这里，我还发现他钓鱼时的样子和大人一样，侧着身子坐。

师：嗯，我们再读读诗、看看图，他坐在哪里？为什么要坐在这儿？

生7：他坐在长满草的地方，估计这里比较安静。

师（出示谚语）："钓鱼不钓草，多半是白跑。""人怕闹，鱼怕噪，安安静静把鱼钓。"这两句谚语说的就是钓鱼的学问，你们来读读。（生读略）你们发现了什么？

生8：这个钓鱼的地点选得好。

师：这个孩子学大人，钓鱼的地点也是有选择的。

第三板块：对比学习

师：这两首古诗都是写儿童的，你读了以后，发现它们有什么共同之处？（生答略）对，他们都是可爱的稚子。（板书：稚子可爱）细细品味，古诗里两位儿童的可爱之处有所不同，你感受到了吗？不同在哪里？

生 9：一个天真，装大人，很专注认真。

生 10：另一个很淘气、调皮。

师：带着你的体会，把这两个儿童的相似之处和不同之处读出来，我们来比比谁的朗读水平高。

师：在古代，还有许多诗歌也写出了儿童的可爱，但每一首诗中儿童的可爱之处都不一样。（出示《村居》《四时田园杂兴》《所见》三首古诗）你们自由、认真地读读这三首诗，想一想，每一首诗中的儿童可爱在哪里？

儿童天真可爱是这两首诗的共通之处，但诗中人物的特点不尽相同。这样教学，通过诗中儿童形象的比照，显现出人物的不同特点，使儿童的形象更为丰满。教师在教学中可以通过拓展阅读、比照主题等途径，使学生对古诗有更全面的认识和深层次的解读，形成同一主题的整体鉴赏。从上面的教学实录中，通过阅读和交流，学生发现古诗中的儿童或无忧无虑，或机灵天真，喜爱之情油然而生。带着这样的情感诵读这一系列古诗，学生自然兴趣盎然。

2. 诗画结合，品味诗境

诗歌评论的一个重要美学原则是"诗中有画"。诗人在创造鲜明生动的意象时会借鉴绘画艺术中色彩、构图等技法，在诗中展现一幅幅大自然的美丽图画，其中既有秀丽清新的田园风光，又有壮丽雄伟的江海气魄。在小学诗歌教学中，可以充分利用小学生奇特的想象力，引导他们借助想象的翅膀，想象诗歌所创设出来的画面，从而领悟诗境。如何让诗画结合来品味诗境呢？

（1）可充分利用课文插图。在小学教材尤其在低年级教材中，诗歌往往配有色彩绚丽的插图，如杨万里的《小池》、杜甫的《绝句》、李白的《望天门山》，其它的还有《画》《小小竹排画中游》《村居》等。这些五彩缤纷、生动多变、形象直观的画面给孩子们带来了无限想象、创造的空间。教学中，可引导学生通过欣赏观察图画，结合诗句进行主题欣赏，学生更易于快速融入诗境诗情。

（2）多媒体课件也是诗画结合的有效途径。利用多媒体技术，借助音乐、动画等手段，可以更快、更直观地消除诗歌，尤其是古诗，因时间、空间的跨度，孩子们理解诗歌主题时所产生的困惑，让学生入情入境地融入如诗如画的诗歌情境中，从而提高诗歌的教学效率。比如白居易的《暮江吟》中所描述的"半江瑟瑟半江红"的景象，通过多媒体课件对晚霞映照下的江面的展示，可以很直观地观赏到夕辉灿然、江水多变的景象。这样的安排有利于集中学生注意力，激发学生想象力，在身临其境中投入对新诗的学习。

（3）还可以利用简笔画进行诗歌的理解。如杜牧的《山行》，利用简笔画可以快速形成寒山、石径、白云、人家等自然景物以及相互之间的位置关系，把诗歌与图画自然而然地无痕对接，避免了枯燥乏味的教学。

诗画结合的诗歌教学方式，能吸引学生的注意力，激发他们的学习兴趣，使其感受到学习诗歌的乐趣，更形象直观地体会到诗歌的主题，品味到诗歌如画般的诗境。

策略三：自主欣赏，智慧碰撞

《义务教育语文课程标准（2011 年）》在"教学建议"中指出，"学生是语文学习的主体，教师是学习活动的组织者和引导者。语文教学应在师生平等对话的过程中进行"。还倡导"自主、合作、探究的学习方式"，强调"充分发挥师生双方在教学中的主动性和创造性"。因此，语文教学过程也应该成为教师与学生追寻主体与自由的过程。而诗歌教学也应"努力建设开放而有活力的课堂"，真正让学生在自主合作中快乐自由地学习诗歌。学生在学习诗歌、品读诗歌后，会对诗歌形成自己独特而富有个性的感受，组织学生在组内进行交流，可以从"诗歌的节奏""意境的感悟""情感的表达"等入手，促进学生更好地智慧碰撞。

1. 引导自主学习，对比品诗

新课标的精神和教材中课外篇目的增加，对学生提出了自主学习的要求。因此，要创设自主学习的机会，课内外引导他们自己找资料，自主学习，特别在教学中应注重与其他诗词的对比学习。因为只有对比学习，才能明确不同诗词的特色。学生活动前，预习案中创设问题要具体精准，引导要巧，要给学生提供丰富的材料。这样，有利于培养学习中互相关联、对比思考的能力。如在教学苏轼的《六月二十七日望湖楼醉书》，笔者就采用了对比品读诗句、引导学生自主学习的教学方法，把它和杨万里的《晓出净慈寺送林子方》同步进行教学，学生读起来兴味盎然。

第一板块：对比读题，寻相同

1. 课前板书，直接揭题，指名读题。

2. 诗题你能读出意思来吗？追问：你为什么这么读？（指导：读懂就能读好。）

3. 两首诗题放在一起读更有意思，自己读一读，你有什么发现？引导学生发现课题表达的相同之处，比如诗题相同的表达方式。

4. 齐读课题。

5. 预设：同是写六月西湖，两首诗又有什么不同呢？

【点评：这两首诗的题目不仅有特点，而且有共同点。所以，一开始教学，教师就引导学生品读关注，寻找诗题中的学习资源。找相同，帮助学生整体上把握两首诗的内容；找不同，帮助学生初步感受诗人描写西湖的不同视角。这样揭题，把利用题目帮助学生读懂诗意的作用充分地发挥出来，体现了"比较阅读"的教

学策略。】

第二板块：整体感悟，找不同

1. 检查读诗。

（1）课前练读了几遍古诗？能读出七言诗的节奏吗？自己再练练。

（2）指名朗读，相机指导。提醒关注两首诗中的押韵（an韵、ong韵）。

2. 同是写六月西湖，请结合注释，思考苏轼与杨万里笔下的诗又有什么不同呢？

（1）根据注释两首诗的大意都懂了吗？那你一定能读出两首诗的不同。

①诗人所在地点不同。②选取景色不同。③写作方法不同。④修辞手法不同。

（2）相机追问：能在书中圈画出所描写的景色吗？追问：你能把这些景色联系起来，再联系课题，用一句话概括诗中的内容吗？如果用一个词分别概括诗人笔下景色的特点，你会怎么概括？（雨：大、疾。荷：盛、美。）

【点评：这样的两次阅读，凸显"读好"与"读懂"的目标，打通了两首诗内容上的联结壁垒，尔后在教师"还有哪些不同"

的渐进追问中，学生逐步身临诗"境"，为更好地"悟情"做了厚实的铺垫。这样的问题与环节设计，不仅落实了教材编者的意图，更让"整体感悟"的教学策略落地生根，体现了诗歌教学自主赏读的目标。】

2. 拓展教材内容，合作赏诗

新课改对语文教法提出了新的要求。在诗歌教学中，更要组建"团队"，创设条件，指导学生开展自主合作学习，合作之中互相促进，取长补短，在智慧的碰撞中从"学会"到"会学"。首先，合理组建小组。将学生分层次合理搭配组合，建立"团队"。其次，指导学生合作探究性学习。一是搜集与诗词相关的鉴赏和评论性文章，交流学习，或在阅读课上交流，或课余自主完成，老师要适时参与，加以鼓励，增强信心。二是在深入理解诗意的基础上，集全组成员智慧，让每个小组写出一篇赏析评论性短文，可装订成册，全班交流，强化学生的体会和理解。三是采用续写、改写等方法拓展学法。写景抒情诗词可改为散文，叙事性诗词可改为故事或剧本，如《寻隐者不遇》《稚子弄冰》等，把它们改为故事或剧本，古诗学习就有趣味性了。

总之，开展"主题欣赏"广域学习型诗歌教学，教师抓牢诗歌的主题进行诗歌欣赏，更容易让学生领略诗歌之美，感受诗歌之情。

第三章　"采风运动"项目学习型

　　"采风"一词出自隋王通《中说·问易》："诸侯不贡诗，天子不采风，乐官不达雅，国史不明变，呜呼，斯则久矣，《诗》可以不续乎！"意谓搜集民间歌谣。明刘若愚《酌中志·大内规制纪略》有言："世之君子，当不讳之朝，思采风之义，史失而求诸野，闲中一寓目焉，未必不兴发其致君泽民之念也。"清王应奎《箬包船纪事》诗云："谁为采风者，听我歌此诗。"

　　采风，意对民情风俗的采集，特指对地方民歌民谣的搜集。发展到现代社会，采风指的是艺术家为了更好地创作作品，去到特定地方采集、收取有利于创作的素材。像画家面对大自然或行人画速写，作家到民间收集方言、口语和民间传说，音乐家到民间整理民歌、地方小曲，等等，都属于采风的范畴。采风实际上就是一种创作形式，是一种初级的创作形式，属于对审美对象初步加工的阶段。

　　对于小学生的诗歌学习，采风则可以定义为诗歌仿写、诗歌编写，是一种最初步的诗歌创作，甚至只能叫儿歌写作。但即便如此，对于小学生来说，没有亲身的实践和学习，也就是说没有走出书本、走出教室，走向大自然、走向生活，也照样写不出最简单的诗歌。因而，也同样需要进行诗歌的采风运动。

第一节　"采风运动"项目学习型的课型特征

项目化学习是指学生在一段时间内对与学科或跨学科有关的驱动性问题进行深入持续的探索，在调动所有知识、能力、品质等创造性地解决新问题、形成公开成果中，完成对核心知识和学习历程的深刻理解，能够在新情境中进行迁移。项目化学习缘起于数学科学领域，其对学生发展核心素养具备独特优势，推广和开展项目化学习已经迅速成为新一轮课程改革背景下中国教育的热点。因此，在语文学科也被迅速推广开来。

项目化学习最鲜明的特点是，以项目为主线，以教师为主导，以学生为主体。而语文项目学习中，教师与学生共同完成一个计划或共同实施一个较为完整的项目，属于行为导学的方式之一。在诗歌教学中运用项目化学习，可以有效提高教学效率。

在诗歌的项目学习中，教师对学习目标进行细化分解，将其分成一个个小目标，即项目任务，让学生围绕一系列的项目活动，轻松启程，快乐探究，积极发现，踊跃展示。教师只在学生完成项目的过程中给予必要的点拨、引领，甚至个别辅导、分层教学，最终通过作品来检验学习的成效。诗歌的"采风运动"项目学习型教学，就是通过有目的、有组织地带领学生到大自然、社会中去体验生活，然后将体验到的内容分解成一个个小项目，让学生自主取舍素材，进行诗歌创作的过程。这类课型需要遵循以下原则。

一、实践性

项目化学习的诞生源于杜威的实用主义哲学思想。杜威主张以学生活动和经验为中心，让学生参与到真实的场景中提出问题和处理问题，从做中学，这是目前大家公认的项目化学习的理论源泉。项目学习课型，需要让学生自我体验、自我参与、自我观察和发现。所以必须走进自然、走进社会，通过实践才能有所感悟、有所创作。"采风运动"项目学习课型正是诗歌学习的实践性所在。

《义务教育语文课程标准（2011年）》指出："语文课程是一门学习语言文字运用的综合性、实践性课程。语文课程是实践性课程，应着重培养学生的语文实践能力，而培养这种能力的主要途径也应是语文实践。语文课程是学生学习运用祖国语言文字的课程，学习资源和实践机会无处不在，无时不有。因而，应该让学生多读多写，日积月累，在大量的语文实践中体会、把握运用语文的规律。"诗歌语言的学习更应在实践中习得。对诗歌的学习，长期以来我们偏重于理解分析，而忽略其作为独特的一种文学形式对学生成长的重要作用，将语文实践活动纳入诗歌教学的过程中，让学生成为学习的主人，以尝试创作为主要活动，让学生"以诗歌的方式学习诗歌"，才是诗歌学习的理想途径。

二、综合性

新课程的实施给诗歌教学带来了春天。语文教师可以理直气壮地冲破"讲读中心"和"课本中心"的樊篱，开发诗歌教学资源，提出有利于学生全面发展的策略，来实现教学效益最大化。专题综合性学习应用于诗歌教学是很好的选择。

诗歌韵律优美，意蕴丰富，"味之者无极，闻之者动心"，讲的正是诗歌高度凝练的语言艺术，以片言而明百意的艺术效果。因而在诗歌教学过程中创造性地利用语文的综合实践活动，丰富诗歌课堂的形式，能切实激发学生学诗的主动性和积极性，从而达到事半功倍的效果。采用项目化学习正是诗歌综合性学习的最好体现。在项目化学习过程中，学生面对各类诗歌那些复杂的任务和问题，参与设计、解决问题、决策、调查和动手创造，并合作和自主开展学习。

三、重运用

实践出真知，仅仅靠课堂上的理论知识是不够的。同学们必须有自己的亲身体验，才能更好地学习诗歌。学好诗歌、学活诗歌，最好的途径就是让孩子们进行诗歌的自主创作，把学到的知识运用到实践中去，这是提高学生诗歌学习能力的最有效的方法。因为孩子都不喜欢被禁锢，比起命题作业，他们更喜欢自由式创作。在此过程中，我们可以要求学生随时将自己生活中发生的并且感染自己的事情以诗歌的形式记录下来。还可以采用定期的诗歌朗诵、诗歌展出等方式提高学生学习诗歌的积极性，从而使教学质量与教学效率得到提升。

"采风运动"项目学习课型要重视低年级儿童诗歌教学中的仿写应用。儿童诗歌具有自己的独特魅力，比如篇幅短小，语言贴近生活，诗中有贴切的比喻、丰富的想象和新颖的构思，是训练儿童语言最好的启蒙教材。因此，通过"采风运动"项目学习来展现诗歌阅读的能力，可使学生学有所获、学有成就。

第二节　"采风运动"项目学习型的课例研究

"采风运动"项目学习课型基本上可以按照以下流程进行操作。

1. 引导观察，唤起情感。诗歌作品反映生活，题材来源于生活。要让学生进行诗歌实践，必须引导学生观察生活，从生活中汲取题材，从而唤起学生对诗歌的感悟和创作灵感。儿童诗歌的基本特点就是充满了想象和幻想。而孩子的特点与童诗的特点基本上

"采风运动"项目学习课型操作流程图

"一拍即合",所以孩子们觉得写诗并不是一件难事。为了提高学生创作诗歌的激情和能力,教师不仅要引导学生观察学过的诗歌特点,还应引导学生学会观察、体验生活,把生活中看到的、想到的写成诗,唤起孩子们乐此不疲的写诗热情。

2. 主动体验,发现题材。采风运动,顾名思义,就是要进行主动体验,因为学生只有真实体验某一件事、某一个人或者某一处景,才能触动他们内心的情感,才能有一种想写的冲动。而且,通过主动体验,能够发现更多的创作题材。艺术源自生活,身边的人、事、物是最好的诗歌创作题材。小学生从来不缺观察力与创造力,缺少的是正确及时的引导。所以教师应培养学生的观察能力,让他们学会留心身边的小事,鼓励他们从这些小事入手,写活的东西,写新的东西。

3. 个性表达,形成诗作。传统作文的交流方式一般是作文写完,交给教师完事,这是封闭式的、独自式的,这种缺乏交流的习作方式极大地伤害了学生作文的积极性。诗歌创作之后的个性表达是提高学生学习兴趣的一个重要途径，特别是低段孩子，他们的表现欲更加强烈。因此，教师应创造多种机会，让学生把自己的习作与同伴交流，与老师交流，与家长交流，与一些著名诗人交流，使学生形成一种良好的习作心理——"我写的诗，我写的文，是要给别人看的，我一定要写好些"。这种心理，也是习作的一种原动力。放手让学生去交流，必能使习作个性化，还孩子一个诗情画意的童年。

4. 互相交流，彰显个性。学生完成习作后，教师要给予充分的交流空间，让孩子们分享诗歌创作的成果，进行同伴之间的相互交流，从而享受成功的喜悦。可以让学生自由组成小组，在组内互相交流自己的诗歌。写得好的地方，大家一起欣赏，分享成功的喜悦；写得不好的地方，大家一起学习，加强互动交流，商量如何修改。小组交流之后，还可以推荐代表，在全班进行交流。展示交流的形式变化了，创作的成效就出来了，积极性也就得到了很大的提高。

案例一：诗心飞扬，诗意荡漾
——《动一动　写童诗》的教学设计

第一板块：绘本故事，引出动词

1. 以土豆一家起床的绘本故事为引子，寻找和发现动词。

2. 抓住动词"刷"，写话训练："牙齿用牙膏刷一刷，就白了。/____用涂料刷一刷，就____了。/脸蛋用____刷一刷，就____了。"

3. 组句成诗，自由朗读。

【设计意图：以绘本故事引入，首先就激起了孩子们的学习兴趣，因为孩子们对于绘本有一种天然的亲切感，于是在阅读中寻找和发现动词就显得兴趣盎然了。而相机出现的将句子改变成诗行的格式，又一次引发了孩子们对新文体的好奇心，随后引导学生展开想象，以填空的形式把三行诗句串成一首奇妙的小诗。在多次的朗读中，发现诗歌"表达反复、想象丰富、层层递进、节奏明快"的特点，也就水到渠成了。】

第二板块：举一反三，尝试诗作

1. 创设情境，抓住"拍"，写写童诗。

2. 发现表达方式，尝试补写。

【设计意图：创设情境，让孩子们跟随绘本主人公小土豆，抓住"拍"的动作，一边想象画面和场景，一边表演。学生在情境体验中产生了强烈的创作欲望，于是他们通过联系生活，发现了很多的题材。在补写童诗的时候，一句句充满童趣而又富有童真的诗句喷薄而出，再加上老师的巧妙点拨，真正让孩子们童心飞扬、诗心荡漾。】

第三板块：借助想象，创意无限

1. 看到"钓"字，你马上会想到钓什么？

（钓龙虾、钓鱼、钓螃蟹、钓黄鳝……）

2. 出示图片，猜测诗人钓什么？

图片中柳树伸出长长的枝条……

3. 联系生活，展开想象。

钓到了一只可爱的蜻蜓 / 钓到了一只美丽的蝴蝶……

4. 美美地读读自己的作品。

钓到了一只漂亮的小鸟 / 钓到了绿绿的小草 / 钓到了蓝蓝的湖水 / 钓到了一个美丽的春天……

【设计意图：任何创造都离不开想象，童诗也是一种创造，它的诞生也依赖于丰富的想象。而孩子们的想象，不同于成年人，他们的思维特别活跃，可塑性大，他们异想天开，没有框框。因此，他们的创作才会呈现出无限的创意。这一环节中，在老师的引导下，孩子们联系生活，展开想象，一首首妙趣横生的诗歌，一行行精彩绝伦的诗句，就这样在他们的笔下诞生了。这样的想象丰富且富有儿童特色，为我们形象地描绘了一幅幅富有童趣和童话色彩的垂钓图。陈伯吹说，要能够"和儿童站在一起，善于从儿童的角度出发，以儿童的耳朵去听，以儿童的眼睛去看，特别是以儿童的心灵去体会"。这正是作为教师应该在课堂上努力践行的，这样，想象的天使才会翩翩飞来。】

第四板块：走进生活，自由创作

1. 跟随着小土豆一家，走到大自然中去寻找动词。
2. 自由选择，自由创作，自由交流自己的作品。

【设计意图：我们常说："说十不如做一。"还常说："读万卷书，行万里路。""实践出真知"，放手让孩子们进行自由创作才是学习诗歌的最好途径。对于刚开始学习写诗的小学生，我们应该鼓励他们，"即使浅吧，只要浅得清澈"，也是不错的。放飞学生，让他们兴至而写，情至即发，"我领悟，我感动，我便倾诉"。只要写出自己的发现和想象，有一定之情、有一定之思即可，不需要太过于强求章法、情感、思想主题等。在这个阶段，教师要有意识地引导学生走进生活，用自己的眼睛观察，用自己的心灵感受，用自己的语言抒写，使学生在观察、感受与思考中，获取自己对自然、对社会、对人生独特的感受和体验，拥有更多的心灵感悟和体验储备，从而为诗歌创作储备丰富而不竭的源泉。让学生在宽松的环境中写诗，从而使诗歌写作活动从被动走向主动，从自发走向自觉，并不断充实、完善。】

案例二：基于项目化设计的诗歌创作

——诗歌创作课《夏天》教学实录

一、设计课型

童诗朗读与创作。

二、教学理念

夏天让孩子们既喜欢又不喜欢，说起夏天，孩子们总是有很多的话题。话说夏天，对于孩子们来说是一种内心的愉悦，以夏天为主题的诗歌创作，也需要从心所欲。采用循循善诱的方法，引发学生描述对于夏天的实际感受，在亲身体验中寻找创作题材，在与学生的对话交流中激发学生的个性创意。根据二年级的实际情况，选取的范诗是一首短小的诗歌，读起来朗朗上口，再结合生活进行真情实感的创作，激起学生浓厚的创作兴趣。

三、教学目标

1. 联系生活，激发学生的生活体验，引发创作情感。
2. 指导写诗，体会诗歌特点，诱发创作热情。

四、教学过程

（一）营造氛围，踏诗寻诗

师：孩子们，老师特别喜欢有阳光的天气。明媚的阳光下，世上万物都变得很美，心情也美。今天阳光这么好，老师偷偷带了一束阳光到我们的教室，准备送给你们，也希望你们都有一份好心情进入我们的课堂。

师：同学们，请往窗户上看一下，你们收到老师送给你们的礼物了吗？有阳光爬进来吗？

生：有／没有。

师：看来阳光很眷恋我们班。／屋檐大哥十分尽职，让阳光止步了，但阳光仍然照进我们心里了。我们一起来感受一下林武宪先生的《阳光》。

PPT 出示：

> 阳光，在窗上，爬着；
> 阳光，在花上，笑着；
> 阳光，在溪上，流着；
> 阳光，在妈妈的眼里，亮着……

师：请自由读读这首诗。（生自由读）

师：老师看见有些孩子读着读着就笑了，谁来读一读？（生读完）

师：谢谢你！（问全班孩子）这位同学的朗读让你们感受到怎样的阳光?

生：我感受到了爱笑的阳光。

生：我感受到了快乐的阳光。

师：是的，就像我们班的孩子一样。

……

师：这么爱笑、这么美的阳光，我们赶紧请她进来。

（二）尝试写诗，激发诗情

师：如果是你们，你们会怎么邀请阳光进来呢？（出示补白）

（生作诗，师指导，适当点评、展示）

> 阳光在窗外
> （　　），
> 我在窗内
> （　　），
> 窗边的朋友啊
> 赶快把窗打开!
> 让阳光（　　），
> 让阳光（　　）!

师：老师也忍不住作了一首诗，邀请阳光进来了。

PPT 出示：

> 阳光在窗外
> （站着），
> 我在窗内
> （等着），
> 窗边的朋友啊
> 赶快把窗打开！
> 让阳光（跑进来），
> 让阳光（扑满怀）！

（三）感悟生活，创作成诗

师：孩子们，你们感受一下，这阳光是什么季节的阳光？为什么？

生：春天！因为阳光很温和。

生：春天！因为阳光很可爱。

师：看来孩子们对春天恋恋不舍，却不知道夏天已经悄悄降临了。感受一下，初夏的阳光怎么样？

生：明媚／灿烂／耀眼……

师：夏天的阳光让我们感觉十分灿烂，想必夏天里的景物也让你们心情开朗吧！说起夏天，你们会想到什么？

生：知了／暴雨／青蛙／荷花……

师：回答得很棒，其实夏天还有很多食物呢！

生：西瓜／冰淇淋／绿豆汤……

师：哦！原来夏天有这么多的东西呀！那么，老师想请你们帮个忙，说说这些东西在哪里。比如，手中的冰淇淋、树上的知了……你们可以挑一挑刚才同学们说的词语和PPT上的词语来说一说。

生：口中的西瓜／池塘里的荷花……

师：真不错！／太棒了！这么好的创意，我一下子没反应过来！

师：老师觉得既然是夏天的事物，那可不能把夏天给抛弃了，可以在前面加多几个字。（PPT：夏天是手中的冰淇淋）

师：老师同时也在想，谁爱吃冰淇淋呢？味道怎么样？立马就浮现一个画面：小朋友喜欢吃，味道香甜可口！你们喜欢吃吗？

生：喜欢！

师：老师也喜欢，不过不能吃太多。看老师变魔术，把刚才我们的对话变成一首小诗。

PPT出示：

（生读诗）

师：读得很流畅，那么你们觉得可以起什么题目呢？

夏天，是手中的冰淇淋，

小朋友喜欢，

大人也喜欢。

那味道，

甜甜的，

真叫人迷恋！

生：《夏天》/《冰淇淋》/《夏天是冰淇淋》。

师：你们的回答让我很心动。我发现有个小朋友跟老师心有灵犀，想到一块去了！《夏天是冰淇淋》！看来我们都是吃货！

师：老师灵感一来，又多写了一首小诗。这次，我把树上的知了给写上了。我们一起来读一读好不好？

PPT 出示：

《夏天是知了》

夏天，是树上的知了。

白天叫，

晚上也叫。

那叫声，

不停歇，

真是不知疲倦！

　　师：孩子们，现在到你们了！夏天还可以是什么？在哪里？怎么样？

　　师：只要把你们的真实想法写下来就可以了！赶紧拿起手中的笔，做一回小诗人吧！（生作诗，师指点、展示）

　　师：很高兴，老师今天认识了这么多小诗人！希望你们以后多写诗，将自己看到的或者感受到的统统写进诗里！期待看到你们美美的诗哦！

五、板书设计

夏天是……

知了、暴雨、青蛙、荷花……　　西瓜、绿豆汤、冰淇淋……　　墨镜、太阳伞、游泳圈……

六、教学特色

　　在5000年的文化历史中，诗歌仿如华丽的锦缎，柔滑、细腻，给人以美好的体验。诗歌能给学生激情，能让学生在审美感知中获得美与知识，同时发展语文能力。本课教学尝试进行诗歌创作，在引导学生发现、欣赏诗歌之美后，走进仿写和创作诗歌的王国里，让学生享受美感体验和挥洒才思的愉悦。

1. 引导阅读，创造氛围。古人云："读书破万卷，下笔如有神。""熟读唐诗三百首，不会写诗也会吟。"有一位诗评家曾说："只读不写，眼高手低；只写不读，眼低手也低。"这些话形象地说出了读诗与写诗的关系，明确了读诗在整个诗教中的重要地位。因此，在教学之初，引导学生诵读林武宪的儿童诗《阳光》，充分感受诗人在这首诗中的奇特想象和浅显灵秀的诗歌语言，感悟诗歌的活泼生动，让学生走进诗歌的氛围中，从而对诗歌创作产生兴趣和激情。

2. 联系生活，仿写创作。《义务教育语文课程标准（2011年）》中明确要求小学生在发展语言能力的同时发展思维能力，激发想象力和创造潜能。诗歌创作无疑也为张扬心声、表达个性提供了广阔的平台。对于童诗创作刚刚起步的孩子们来讲，仿写无疑是连接读与写最好的纽带，它降低了写诗的难度，消除了学生的畏惧心理，使孩子们能在轻轻松松中读诗写诗。本课的教学中，在指导仿写创作环节，教师选取了生活中学生既喜欢又不喜欢的夏天这一题材进行创作指导。说起夏天，孩子们一下子就打开了话匣子，因为他们对于夏天的感受还是比较丰富的，因而诗歌创作的题材就轻轻松松地获得了。然后教师又以一首结构简单又比较贴近孩子的诗作，引导孩子欣赏理解后，以替换词语的方式去模仿、练习，一下子降低了诗歌写作的难度，孩子们的创作也就水到渠成了。

第三节　"采风运动"项目学习型的操作策略

　　儿童是天生的诗人。虽然很多小学生认为诗不可触摸，很神秘，写诗更难，但是只要老师为他们播下诗的种子，教会孩子从模仿开始，开启学生"异想天开"的想象力，带领学生观察生活，教会学生诗歌创作的技巧，并营造诗意的氛围，启蒙孩子进行诗歌创作，那么写诗也可以成为孩子们的常态。"采风运动"项目学习型诗歌创作教学是引导孩子们进行诗歌创作的重要途径，它一般可以从以下策略进行操作。

　　策略一：观察体验，奠定诗歌创作的基石

　　诗歌教学是开启孩子的心智，激活孩子的想象，丰富孩子的认知，培养孩子的创造能力和表达能力的一种有效方式。尤其是小学低年级儿童，他们正是发展想象力的关键期，因为此时的他们想象力最丰富。所以，小学低年级教师应顺应孩子心理发展的规律，积极开展诗歌教学，着重研究有效的教学方法，以培养学生的读诗、写诗兴趣，指导学生学会观察生活、体验生活，从而获得诗歌创作的素材，然后把眼中看到、心中想到的美好事物，通过写诗的形式予以表达，使其能从诗歌里获得精神和力量，获得内心的愉悦和满足，奠定诗歌创作的基石。

1. 童眼看世界，在观察体验中积累素材

叶圣陶先生曾说："生活如泉源，文章如溪水，泉源丰富而不枯竭，溪水自然活泼地流个不歇。"《义务教育语文课程标准（2011 年）》也明确指出："写作教学应贴近学生实际，让学生易于动笔，乐于表达，应引导学生关注现实，热爱生活，表达真情实感。""采风运动"项目学习型诗歌创作也是如此，只有与生活紧密联系，从生活的点滴中"采风"，注重学生的观察体验，引领"童眼看世界"，学生才能获得诗歌创作的源泉，才能积累下创作的素材；只有在生活的大背景中，诗歌创作才能成为"有米之炊"。

"诗歌必须从真实生活中产生出来"，有了充实的生活，有了真实的观察体验，才会创作出动人心弦的诗歌，正所谓"问渠那得清如许，为有源头活水来"。

写诗，要有诗的味道。要写出诗味，这就需要指导学生在日常生活中仔细观察事物，用诗意的眼睛来看世界。引导学生积极调动多种感官，根据味觉、触觉、听觉、视觉等来开展相关联想、相似联想，多角度、多方位地看世界，并鼓励他们把看到的、闻到的、听到的，让自己有特别感觉和想法的通通写出来。尝试写诗时，一定要指导学生用美的眼睛看事物，用诗意的语言来写诗。比如写春这个话题，可以让学生排好队，带他们到校园中以及校园周边的田野里走一走、看一看、闻一闻、摸一摸、议一议、说一说，然后让他们写文章、写诗歌，学生就会很起劲。虽然是他们自己天天经过的地方，但大多视而不见，一点拨，就觉得景象太美了，内容太丰富了，很多作品就这样通过观察创作出来了。

当然，引导孩子们观察体验，教师还可以多开展一些实践活动，为学生的观察体验提供别样的视角。学生有了基于实际生活的观察体验，久而久之，便能将这种观察体验的习惯延伸到社会及大自然。在没有教师指导时，他们同样会用一双善于发现的眼睛去观察生活，用一颗美好纯净的心灵去体验生活。这样，当学生有了想要表达的欲望时，生活就真正成为诗歌创作的源头活水。正如案例教学实录中《夏天》的创作，教师正是引导孩子们观察了生活中的夏天，才会有如此生动的课堂教学效果。

2. 童心思生活，在观察中丰富感知，自由倾吐

"采风运动"项目学习型诗歌创作讲求的就是走进生活、观察生活、积累生活，从生活中产生项目学习，从生活中产生诗歌创作。朱自清曾说过："任何一个声音，一种物品，一件事情，都可以成诗，惊心怵目的生活中有诗，平淡的日常生活中也有诗，发现这些未发现的诗，凭的是敏锐的感觉。"所以，我们可以用恰当的形式激发学生认真观察，不断丰富自己的感知，以期能够自由倾吐。我们可以从以下方面入手，引导学生进行诗歌创作，拓宽学生的写作空间和写作渠道：把周围的美景写成诗、把可爱的动物写成诗、把生活中的小事写成诗、把内心的幻想写成诗。

但是，《义务教育语文课程标准（2011 年）》也指出：养成留心观察事物的习惯。小学生年龄小，往往注意力不集中，稳定性、持久性较差，因而在观察事物时走马观花，不注意细节。因此，教师在引导学生观察周围的事物，发现身边的人和事的时候，要注意指导观察的方法。许多学生在观察事物时，认为用眼睛认真地看就可以了。当然，用眼睛"看"是观察事物的主要方法。但单纯地用眼睛观察事物，有时就和盲人摸象一样，难以正确全面地认识事物的特点。只有充分运用人的眼、耳、鼻、舌、身等多种感觉器官去感知，才能更全面、细致地观察事物。在观察中，调动身体的多种感官，多角度共同参与，对事物进行全面观察，能使观察的对象更立体，同时，让观察者有更真实的体验与感受，产生表达的灵感，进而激发创作的欲望。

策略二：善于捕捉，灵动创作

《义务教育语文课程标准（2011 年）》指出，语文是一门运用语言文字的综合性、实践性课程。语文学习的最终目的是"用语言"。诗歌创作正是儿童"用语言"的实践基地。都说儿童是天生的诗人、哲人，儿童有成人所没有的强烈好奇心，他们对什么都感到新鲜，喜欢问为什么。他们能用"第三只眼睛"看到奇妙的事物、意外的结局以及本质的东西，善于艺术捕捉稍纵即逝的镜头，用灵动的形式描绘给读者，让人耐人寻味。他们总是将语文学习的最终目的"语言运用"呈现得出人意料。

1. 多种形式，仿写诗歌

当然，要让学生进行诗歌创作，就要教给一定的方法。什么是开启写诗的第一把钥匙呢？那就是模仿。教会孩子从模仿开始，是诗歌创作的起步。学生刚刚学写诗时，他们总会感到诗歌很神秘，创作出来的作品既无"诗意"，也许连"童趣"也被吓跑了。我们常常说，"童言无忌"，孩子的语言往往充满童稚、童趣，其实如果把那些"无忌"的童言转化为诗意的语言，就可以成为优美的儿童诗。关键是如何转化。从心理学的角度说，人要学会一种技能，都是从模仿开始的，而且需要不断地模仿。所以，在指导儿童诗创作时，可以让学生模仿写诗，从而降低难度，激发兴趣。

（1）试着让学生填词补句。学习语文，就是从字到词、从词到句、从句到段、从段到文的一个循序渐进的过程。学写儿童诗也一样，可以从填词补句开始。可以在诗中留下空白处，让学生发挥想象填写，补全空格。例如：花儿的梦是红的，/（　　　）的梦是绿的，/露珠的梦是（　　），/娃娃的梦是（　　　）。学生的想象力是非常丰富的，填好后，告诉学生他们已经创作了一首诗，学生会非常兴奋，写诗的信心倍增，感到写诗原来这么简单，从而消除学生对诗的神秘感。

（2）在诗中补上相应的诗句。还可以给学生出示一些残缺的诗句，让学生依照例句，发挥想象，在诗中补上相应的诗句。比如为下面的诗歌补句子：

如果我是阳光，我将照亮所有的黑暗。

如果我是清风，_____。

如果我是____，_____。

如果我是____，_____。

这是一些模仿的方法，学生刚写出来，不管好差，都要予以鼓励，并慢慢引导他们在模仿的基础上写出属于自己的东西，这样学生就能满怀信心地迈出儿童诗写作的第一步。

（3）进行段落模仿。每一首诗里都有一个或多个可以训练语言的积累点、训练点，在教学中如果我们能把握这些点，进行段落模仿也是仿写诗歌的好方法。出示一个段落，让学生揣摩诗

脚尖滑过的地方，

大块的草坪，绿了；

大朵的野花，红了；

大片的天空，蓝了，

蓝——得——透——明！

脚尖滑过的地方，

_____，绿了；

_____，__了；

_____，__了，

____——得——____！

的结构、形式等，指导学生仿写其他段落，这样层层递进，引导学生进行小范围的仿写，既强化了阅读的快乐，又减轻了写的难度。学生乐意写，也愿意写，减少了习作的畏惧感，体验到了成功的喜悦，为以后的创作打下了基础。

（4）变课文为诗文。要进行仿写，就要认真揣摩，可以教学生尝试着模仿课文中诗的结构、句式、意境等来写儿童诗，也可以让他们试着将一些课文改编成诗歌。改编课文，首先让学生在对比中分清诗歌与其他文学体裁的不同，了解诗歌的几个特点：抒发强烈的情感，创造悠远的意境，开展丰富的联想、想象，语言极为精炼。当学生了解了诗歌与文章的区别后，就可以教学生把一些课文转换成诗歌，并且在文体间的对比中学会诗的分行，学会按韵律的感觉断句、停顿等。作为老师，我们要做有心人，根据学生的年龄特点，结合诗的形式，运用多种方式让孩子模仿，让学生乐于创作儿童诗，从而在不知不觉中喜爱上儿童诗。

诗歌写作一般从模仿开始。当学生的词汇积累到一定量时，就可以开始仿写诗。学生在仿写诗的过程中，要能够把儿童诗的基本结构形态构建出来。其中包括诗歌的行数、字数、押韵等特点。按照诗的构成方法、诗的语言特色、对事物描写的顺序等，逐步展开模仿。经过长期仿写诗歌训练，学生有了写诗的兴趣，就会用诗抒发自己的感情。然后，在教师的进一步引导下，仿写出稚嫩但富有童趣的诗歌。

2. 多种活动，创作诗歌

通过大量阅读与仿写训练后，学生可能已经爱上了诗歌。当他们的词汇积累到一定量时，通常会诗兴大发，开始诗歌创作。教师在教学时，可以开展一些形式多变、充满童趣的诗歌创作活动。

（1）采用诗配画、画配诗等引导学生进行创作，让学生们也能根据图画，展开丰富的想象。不管写得怎么样，积极的鼓励都是提高学生写诗积极性的有效手段。因为他们毕竟是儿童，毕竟是初学诗歌创作，无需太严谨。同时必须看到，诗歌创作训练是一个长期的过程，老师必须有耐心、有计划地指导孩子写作。诗歌也是天马行空的，孩子们眼里的诗歌是大胆的想象，老师对于想象的指导才能形成一首首优美的诗歌。

（2）组织多种形式的读诗写诗活动，为学生提供创作童诗的平台，指导学生写童诗。光靠小课堂开展活动是有限的，必须为学生提供一个开放而有活力的广阔的活动空间。为此，可以策划多种形式的写童诗、诵童诗活动，如文学社活动、诗歌大赛活动、节日诵唱活动、诗歌欣赏活动、大小诗人交流活动等，通过活动激发学生阅读诗歌和创作诗歌的积极性，让孩子将诗歌看作自己生活的一部分。

（3）采用多种形式，展示和交流学生的诗歌创作成果。小学生的诗，是需要展示的。展示是一种倾吐，更是一种交流，是一种享受，更是一种动力。我们可以采用课堂展示、校园展示、社会展示、报刊展示等多种形式，让孩子们展示自己的创作成果，培养一种成就感、愉悦感。鼓励每个同学备一个诗歌搜集本，不仅搜集日常遇到的好诗，还要记录下自己写的诗句，随时在班上和同学交流自己的诗歌搜集本。同学们还可以自由组合小组，命名各种"诗社"，如"星海诗社""彩贝诗社"……各个"诗社"自编诗歌专辑，办出特色。还可以在教室里开辟"好诗园地"，小诗人们在闲暇之余，有灵感就吟诵，有感觉就动笔写，有作品就让老师品鉴，而老师一发现有灵性的作品就在"好诗园地"展示，使学生得到很大的激励。大自然的每一分变化，心灵的每一次律动，都可以在学生的诗作中寻到足迹，这时，诗便成了学生表达的需要，渐渐的，写诗便成为他们的一种表达习惯。

策略三：激活积累，放飞想象

著名儿童诗人圣野说过："没有翅膀，就没有鸟；没有想象，就没有诗。没有美丽的想象，诗就飞翔不起来。"儿童是天生的想象家，我们可以借助各种平台，为孩子创造条件，在玩一玩、动一动、听一听等各种体验下，把孩子带入一个全新的境界，强烈激活儿童的言语表达形式，让孩子放飞想象。

一位哲人曾这样说过："天真的孩子天生就是诗人。"的确，小孩子都是天生的诗人。他们是多情的、好奇的，他们常会有天真的想法，其实这就是童诗创作的起源。笔者认为，教师指导儿童进行童诗创作的主要工作在于挖掘他们潜在的能力，使其出其不意地吐出很有韵味的话来。在他们眼里，周围的一切都是有生命的，会说话，有感情。

1. 开启"异想天开"，让诗歌创作插上翅膀

任何创造都离不开想象，童诗也是一种创造，它的诞生也依赖于丰富的想象。要写出一首好诗来，想象是很重要的。小学生最富于想象和联想，丰富大胆的想象，往往让我们成年人望尘莫及。在孩子想象的世界里，花儿会笑、鸟儿会唱、草儿会舞、鱼儿会说……想象，就是儿童诗的项链。而孩子们的想象，不同于成年人，他们的思维特别活跃，可塑性大；他们异想天开，没有框框。我们的辅导应因势利导，努力让孩子张开想象的翅膀，不知不觉地进入迷人的诗的形象中，让他们陶醉其中"乐而忘返"，让他们在思绪万千时动笔，才会碰击出童心、童真、童趣的火花。读着下面的这首儿童诗，我们能不为孩子的这种奇思妙想所折服？

《秋天的信》
秋天要给大家写信，
用叶子做信纸，
请风当邮差。

邮差想偷懒，

到一个地方，

就把信一抛。

有的信，落在松鼠头上；

有的信，落在青蛙身旁；

赶路的大雁，

也衔了一封回家；

池塘里、草丛中，

到处都是秋天的信。

小动物们这才忙着过冬。

　　诗歌为我们形象地描绘了一幅富有童趣和童话色彩的秋天落叶图，想象丰富且富有儿童特色。陈伯吹说："要能够和儿童站在一起，善于从儿童的角度出发，以儿童的耳朵去听，以儿童的眼睛去看，特别以儿童的心灵去体会。"如果作为老师的我们能努力做到这样，想象的天使就会翩翩飞来。

　　2. 进行实地采风，让诗歌创作富于灵动

　　孩子会为一只昆虫蹲上几小时，也会为一只飞鸟满地跑。自然界的一草一木、一鸟一虫，在孩子的眼里都是那么有趣，充满神奇。皮亚杰认为儿童的潜意识中具有一种万物有灵的倾向，认为人以外的一切自然存在，都像人一样有思想、有感情。因此，教师要引导儿童去捕捉自然界中最细微而感受最深刻的表象，多组织儿童去郊游、去发现、去联想。请看下面的这首诗歌：

《风的颜色》
风有颜色，
有着变化多端的颜色。
它一年四季都在忙碌，
把世界装扮成美丽的画册。

春天的风是绿色的，
染绿嫩草，
染绿树叶，
染绿山岗和原野。

夏天的风是蓝色的，
浅蓝的林带，
深蓝的湖泽，
蓝风送走太阳的炎热。

秋天的风是金色的，
金风迎来收获的季节，

收获遍地的金子，

收获满足的喜悦。

冬天的风是白色的，

白风扬起鹅毛大雪，

美丽的白天鹅啊，

多么可爱多么纯洁。

风有颜色，

有着变化多端的颜色。

要是没有风，

就没有这五彩缤纷的世界。

　　这首诗抓住自然界中"风"这个意象，通过联系四季特点，把风写得灵动有趣，读来充满情趣。

　　3. 玩中捕捉诗情，让诗歌创作呈现美好

　　"生活中不是缺少美，而是缺少发现美的眼睛。"儿童诗创作源于我们丰富多彩的生活。孩子有爱玩的天性，玩有时也是认识世界的一种方式，玩的过程也是创造力和想象力得以展示的过程。因此，我们应引导孩子在玩中悟诗，在兴趣中写诗，展现人与自然、人与生活的诗意。请看诗歌：

《打水漂》

小溪是镜子，

照映着蓝天，

照映着白云，

照映着青山，

照映着绿树。

孩子打水漂，

漂在绿树上，

漂在青山上，

漂在白云上，

漂在蓝天上。

　　读着这样的诗歌，孩子们在清澈的溪水边打水漂的情景跃然纸上，这是多么鲜明的画面呀！它呈现了多么美好的童年生活。

　　孩子们玩各种有趣的游戏，那么我们可以引导孩子在玩中捕捉诗情，抒发诗意。例如在教学诗歌《影子》时，让孩子们到太阳底下玩一玩踩影子、追影子的游戏。在玩游戏的过程中，我们即兴开始了诗歌创作。于是，有了下面的诗作：

《影子》

太阳在我的左边，影子在我的右边；

太阳在我的右边，影子在我的左边。

太阳在我的前面，影子在我的后面；

太阳在我的后面，影子在我的前面。

影子是太阳送给我的礼物，

影子是我亲密的朋友……

　　无需教师过多的指导，这是孩子活动的真实写照，这是孩子灵感的自然闪现。

　　诗是曼妙的精灵，她能让我们的孩子、让我们的语文教学变得灵动起来。"撷取一片诗情，唤醒一颗诗心，拥有一双诗眼。"让童年与诗作伴，让诗歌灵性的光芒沐浴孩子们纯真的心灵。

　　儿童是天生的诗人，他们有丰富的想象力、真挚的情感、独特的思想。儿童诗丰富的内涵，推动了儿童的发展。通过写诗，学生更加热爱生活、深入生活，对生活的理解更加深刻，想象的天地也更加广阔。

中篇　儿童故事

　　"儿童故事"是儿童喜闻乐见的一种文学样式，也是儿童阅读的首选。当我们还在蹒跚学步时，便在母亲的怀抱里享受着故事的滋润。几乎每个孩子都会在父母的故事声中成长，每个孩子最初的教育大概也都是从听一个个生动有趣的故事开始的。儿童故事与儿童之间有着天然的联系，儿童教育也源于儿童故事。

　　英国教育家约翰·洛克在其著作《教育漫话》中明确指出："可以通过故事或者做游戏来教育儿童，给儿童快乐的童年。"儿童故事正是实施教育的重要途径之一，它为儿童阅读的视野打开了一扇窗。所以，儿童故事无论对于儿童还是教育者来说，都特别有教育的价值。基于此，我们从儿童喜欢的故事出发，开发了"互文比照""重组建构""故事点播"三种不同的课型，并为孩子找到不同的故事阅读策略，进一步激发孩子阅读的潜能，提升阅读的能力，真正让孩子爱上故事。

第一章　"互文比照"基础学习型

第一节　"互文比照"基础学习型的课型特征

阅读学习是一个经验、方法不断积累的过程，有经验的阅读者与无经验的阅读者，在阅读基础上更多的是习惯上的差异。为了给孩子打好阅读的基础，培养好的阅读习惯，针对儿童故事一类，笔者提出了"互文比照"基础学习课型。所谓"互文比照"的基础学习类型，是指儿童在学习课文时，教师有意识地引导儿童将所读文本与文章原文或其他文章进行对比，发现两者在体裁、描写、结构等方面的不同，以此来开阔学生的阅读视角，使学生在之后的学习、阅读之中能够有从这些不同角度思考文章的经验，并在这样长期的阅读训练之下，以让学生养成一种"互文比照"读书的习惯为最终目标，使"互文比照"成为儿童阅读儿童故事这一类型的文本时的一个基础的方法。就像为万丈高楼筑基，以"互文比照"为基础的阅读习惯，本身就要求儿童在阅读文本一时，

参考、共读文本二，甚至文本三、四、五、六，这样的阅读形式
有利于儿童将这块地基打得更广、更厚、更牢固。

在这样的阅读模式下，"互文比照"基础学习课型具有以下
三大特征。

一、比较性

比较阅读，是一种颇有效果的阅读方法。这种阅读方法的优
势就在于能够使阅读者通过比较和鉴赏，找出文本内容和形式等
方面的异同点，以此来发现不同文本在这些写作技巧、写作手法
上的特点，并体会作者对语言文字的运用精妙之所在。对于成人，
对于有经验的阅读者、学习者而言，比较阅读是一种因为太过于
经常使用，以至于已经成为"下意识"的阅读方法。但对于儿童
而言，在没有经过阅读学习的前提下，非常容易形成"只顾着阅读，
而没有培养比较意识"的情况。而在"互文比照"的基础学习课
型中，在有意识、有目的、有指导的阅读训练下，比较阅读可以
说是最常使用的阅读方法，它更将成为儿童在课堂上最经常接触
的阅读方法。如此一来，在长期的接触与训练下，对于阅读的比
较意识也将深深根植在儿童的阅读习惯中。

二、整合性

随着对统编版小学语文教材研究的不断深入，我们发现其在

编排上以单元主题设计为多，每个单元的选文都聚焦一定的特点，或是描写田园风光，或是抒发亲情母爱，这就使得"互文比照"基础学习课型有了天然的素材。在"互文比照"的学习课型下，儿童走进整合的单元文章时，对于"互文比照"的实践目标将会更容易达成。同时，经过"互文比照"的学习，儿童实质上又对于课文进行了一次相近或相似内容的比较，这一过程也是对于教材的二次整合——儿童根据自身比较阅读所得进行整合。

三、语用性

《义务教育语文课程标准（2011年）》有言："语文课程是一门学习语言文字运用的综合性、实践性课程。"可见，在语文教学中，"综合""实践"足称两大关键词。"综合"在比较阅读、整合文本中有所体现，而"实践"则重在对于语言文字的运用。课内阅读是每个人一生阅读经历的基础，每位走进课堂的学生都会在课堂上进行课内阅读、获得语感培养、习得阅读方法，可以说课内阅读的学习经历影响着一个人一生的阅读体验、阅读习惯。在"互文比照"基础学习课型思维中，语用更是有着举足轻重的地位。阅读学习中的语用，更倾向于阅读方法和阅读习惯，只有扎根课内阅读，在课内激发儿童阅读兴趣，在课内培养儿童阅读语感，在课内教授儿童阅读方法，才有机会、有可能使得儿童对于开展课外阅读产生浓厚的兴趣，才能真正把阅读从课内引向课外。

综上所述,"互文比照"基础学习课型是一种重比较、有整合、练语用的学习课型,尤其对于初次接触或刚刚开始阅读儿童故事类型的孩子而言,它有助于儿童进行对比阅读,发现文本异同,开拓阅读视野,最终形成"互文比照"的读书好习惯。

"互文比照"基础学习课型在操作上呈直线式提升,在推进的过程中逐步加深学习深度,拓展学习宽度。其操作流程可以大致分为"举一""反三""举三反一"三大部分。

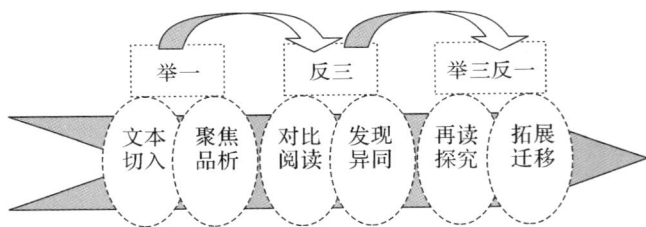

"互文比照"基础学习课型操作流程图

(一)"举一":文本切入,聚焦品析

1. 文本切入。既是阅读学习,文本的切入是必不可少的,但怎么切入,却大有讲究。联系每一堂语文课的导入,其设计目的无外乎激发兴趣、导入情境等等,简而言之,便是要让儿童有兴趣和代入感。而在儿童故事的文本切入上,只要利用好故事本身,那么这一切都能够直击要害。可以学学抓人眼球的标题起名:

"惊！洪水来了！"（《大禹治水》）；也可以借助多媒体，营造故事的氛围：播放寒风瑟瑟的视频，引出《寒号鸟》……简而言之，"互文比照"基础学习课型下，文本切入更要发挥好激发兴趣、带入情境的任务，以完成后续的目标。

聚焦品析。都说"一千个读者就有一千个哈姆雷特"，每个儿童因为自身性格、经历等方面的不同，对于文本的看法是不同的，其兴趣点、发现点更是有差异的。与其僵硬地将赏析的过程放在写作手法、描写方法等较为枯燥的写法上，不如退一步，引导学生把目光放回故事本身，找人物，分性格，读结局，想意义，由浅入深，一步步把故事读得更加深入。在对于故事有了自己看法的基础上，再来通过"互文比照"发现写法上的不同。

（二）"反三"：对比阅读，发现异同

1. 对比阅读。这一环节是"互文比照"基础学习课型操作流程中的重点之一。其"对比"不仅仅在于本文与其他文本的对比，还在于原文自身内部的对比。如不同人物之间性格的对比，不同人物各自结局的对比，等等。文本自身的对比阅读能够帮助儿童更加深入地思考文本深层次的意义。值得注意的是，对比阅读的探究过程应该在完成了文本自身对比后再延伸到该文本与其他文本之间。这样由一而一、再由一而二三的过程，既能拓宽学生阅读的视野，也不至于使得原文本丢失其主体阅读的地位。

2. 发现异同。较之文本自身的对比阅读，文本与拓展文本的对比阅读在"发现"这一点上更难把控。儿童的思维是多么天马行空，若只是单纯指示"寻找两个文本的异同"，他们可能会将注意力放在文本的段落、人物的数量、故事的时间等细枝末节却又说不上错的地方。这时候就不能再放任自流，而是要借助教师的指导，让儿童有的放矢地去阅读、去发现。在这一环节中，不论是表格、记录卡，还是其他任何能够有所指向的形式，都可以给儿童一个"发现"的方向，从而避免发现的成果过于零碎。

（三）"举三反一"：再读探究，拓展迁移

1. 再读探究。所谓"学以致用"，对比阅读的成果必然也要有一个归处，这一环节亦是对于"语用"的训练良机。在经过了对比阅读之后，儿童对于文本已经有了新的认识，此时的探究，根据故事的不同，可以是续编故事，可以是对故事中人物说一段话，可以是表演故事，旨在以不同的形式，给儿童一个表达对于故事新的认识的舞台。

2. 拓展迁移。正如前文对"语用性"特点的阐释，阅读学习中也有语用，它更倾向于阅读方法和阅读习惯，而这些方法和习惯都是在为引导儿童从课内阅读走向课外阅读而服务。在"互文比照"基础学习课型最后一个操作环节中，便要通过各种形式，引导儿童从课内走向课外。不论是文本补充阅读，还是推荐书目，抑或是阅读作业，都是对于这一次阅读学习的重要补充、提升。

由文本"一"切入，激发儿童阅读兴趣，引导儿童品鉴赏析，组织儿童对比阅读文本"二、三"，发现文本异同，通过再读文本"一"，拓展文本"四、五"，来实现课内走向课外。这就是"互文比照"基础学习课型中"举一""反三""举三反一"的操作流程。

第二节 "互文比照"基础学习型的课例研究

一、教材分析

本单元的语文要素是"读寓言，明白其中的道理"。围绕"寓言"这一体裁，本单元编排了四篇课文，皆是古今中外的寓言故事。同时，与语文要素有所对应，课后的要求也多以读懂故事、明白道理为主。在《陶罐和铁罐》这篇课文中，学生将接触到两个截然不同的人物形象——傲慢无礼、狂妄自大的铁罐，以及谦虚宽容、善良友爱的陶罐。这鲜明的形象便利于开展对比阅读，引导学生体会人物形象上的不同；更深一层的，两者的人物结局也是截然不同，这又是一次对比阅读的机会。将两次对比阅读串联在一起，学生对于这则寓言故事究竟想要告诉我们什么道理，也就是其寓意，也会有了基本的猜测。这不是学生第一次接触寓言故事，但却有可能是第一次在阅读寓言故事时有意识地运用对比阅读的方法。同时，由于前一篇课文是一则文言文《守株待兔》，实际上《陶罐和铁罐》这篇课文也将是学生在这个单元中第一次接触白话文的寓言故事，在这一次阅读学习中进行阅读方法的训练，对于学生在本单元中继续阅读后两则寓言故事有着极大的帮助。

二、学情分析

寓言故事对于学生而言，是一个非常熟悉的体裁。相信每一位学生在启蒙时期都读过不少中外有名的寓言故事。但在课堂上成系统地进行阅读、学习，那还是初次为之。这样的情况下，学生对于寓言故事"有趣""生动"等印象天然地就会激发他们对于阅读这类文本的兴趣。但有利也有弊，之前的阅读经验往往也会使学生更多地将注意力放在情节、人物等较为浅显的元素上，而寓言故事最重要的寓意，反而会成为容易被学生忽视的点。在这样的情况下，教师在阅读教学中要引导学生从情节、人物上更进一步，通过"互文比照"的基础学习，在不损学生阅读兴趣的前提下，渗透阅读方法，读思相融，更好地将课内阅读与课外文本联系起来。

三、设计理念

兴趣是最好的老师。基于儿童本位，根据三年级孩子的特点，结合他们对于故事的兴趣，让阅读贯穿课堂，让学生以一名"阅读者"的身份，对比读文，聚焦赏析，拓展课外，训练语用。大量的阅读是发现文本特点、感受写作方法的手段，读是为了更好地运用，以阅读促进发现，以发现返归阅读，在对比阅读与发现异同中习得文本的一些特点，建立阅读寓言故事的信心，培养"互文比照"的读书习惯。

四、学教目标

1. 通过默读课文，读懂寓言故事《陶罐和铁罐》，能说说陶罐和铁罐之间发生了什么故事。

2. 说说陶罐、铁罐的性格有什么不同，通过对比阅读，找出课文中哪些地方让人感受到了两者的不同。找一找除了性格，它们还有什么地方不同。这些不同告诉人们什么道理，作者又是如何体现这个道理的。

3. 走进寓言故事《蚂蚁与屎壳郎》《芦苇与橡树》，根据"对比"阅读记录卡，寻找更多的不同。

4. 学以致用，用"对比"创编故事，进行交流。

学教重难点：能发现故事中的"不同"，并将这个阅读方法迁移到课外故事中去。在对比阅读后能用"对比"创编故事。

五、学教板块

第一板块：初读课文，引"对比"

1. 竞猜故事，说共同点。教师出示三张寓言故事的图片，让学生猜一猜这些图片分别是什么故事。猜对的同学大致说一说故事讲了什么。学生描述完故事内容后，老师请学生总结这几个故事都有什么共同点。最后总结出，这些故事都告诉了我们一个道理。

2. 总结特点，点明概念。像这样，在讲述一个故事之余，也告诉了我们一个意味深长的道理的故事，就叫寓言故事，而这个道理，就是寓言故事中的寓意。

【设计意图：看图的方式比读文更直观，同时，卡通式的图画对于三年级学生而言比起水墨丹青更能激起兴趣。而猜谜则是孩子最喜欢的游戏方式之一。兴趣是最大的学习内驱力，"文本切入"这一环节一开始就以孩子熟悉的故事图画作为游戏竞猜对象，激起学生兴趣，又辅以学生简单的故事重现、共同点发掘，已经悄然把寓言故事的这一文学体裁的最大特点渗透其中，让学生对寓言故事最重要的"寓意"，有了一个深刻的印象。】

3. 初读课文，分享寓意。学生默读课文，思考《陶罐和铁罐》讲了一个什么故事，又想借这个故事告诉我们一个什么道理。在默读完后，学生进行分享，用自己的话说说《陶罐和铁罐》的故事，小组合作说说自己理解的寓意，之后进行班级分享，明确故事寓意。（要善于看到别人的长处，正视自己的短处，相互尊重，

和睦相处）

4. 思考方法，引出"对比"。学生再读课文，思考：课文是如何推进故事情节、揭示寓意的？之后进行分享。（小结：课文通过对陶罐与铁罐的对比描写来推进故事情节、揭示寓意）学生在课文中快速寻找，发现课文中有哪些对比。（总结为两方面：陶罐与铁罐人物形象的对比、两者结局不同的对比）

【设计意图：在有了发现"寓意"的意识之后，从故事中提炼道理并不算一件难事，但课文如何揭示寓意却是一个需要思考的问题。在解决这一问题的同时，继让学生树立发现寓言故事中寓意的意识之后，在"聚焦品析"环节前就将"对比"这一"互文比照"基础学习课型最重要的阅读方法引出，使学生在之后的阅读中能够运用上这一阅读方法，为之后学生更好地读课文、读课外文本打下基础。】

第二板块：聚焦对话，悟"对比"

1. 圈词画句，填写表格

（1）请学生说说他眼中的陶罐与铁罐分别是什么形象。（陶罐：谦虚宽容、善良友爱……铁罐：傲慢无礼、狂妄自大……）又是从哪些段落中读出来的。（课文第一自然段到第九自然段）再集中读这几个自然段，用不同的记号标志出能够体现陶罐和铁罐人物形象的词句。

（2）课件出示表格，请学生根据自己圈画的句子，填上相应内容。（斜体字在学生读出对应内容后出示）

铁罐的表现	陶罐的表现
"你敢碰我吗，陶罐子！"铁罐傲慢地问。	"不敢，铁罐兄弟。"陶罐谦虚地回答。
"我就知道你不敢，懦弱的东西！"铁罐说，带着更加轻蔑的神气。	"我确实不敢碰你，但并不是懦弱。"陶罐争辩说，"我们生来就是盛东西的，并不是来互相碰撞的。说到盛东西，我不见得就比你差。再说……"
"住嘴！"铁罐恼怒了，"你怎么敢和我相提并论！你等着吧，要不了几天，你就会破成碎片，我却永远在这里，什么也不怕。"	"何必这样说呢？"陶罐说，"我们还是和睦相处吧，有什么可吵的呢！"
"和你在一起，我感到羞耻，你算什么东西！"铁罐说，"走着瞧吧，总有一天，我要把你碰成碎片！"	陶罐不再理会铁罐。

（3）学生再看表格中画了横线和波浪线的部分，看看自己是否也划出了这些词句。思考：这些词句分别是对陶罐和铁罐的什么描写？（语言、神态）

（4）小结：课文通过对陶罐和铁罐的语言、神态描写，写出了陶罐和铁罐人物形象上的不同。

【设计思路：在课内对比阅读中，本环节遵循从整体到局部的教学逻辑，引导学生从感受到的形象追本溯源，落实到段、句、词，并通过表格这个对比鲜明的形式，将陶罐和铁罐截然不同的人物性格对立起来，体现出"互文比照"基础学习课型的比较性。在小结部分又把故事内容总结到写作技法上，引导学生关注故事中的人物语言、神态，将学到的故事归于语言文字的运用方法。这既是在为理解课文服务，也是在为之后的拓展运用做铺垫。】

2. 聚焦对话，对比朗读

（1）回到课文对陶罐与铁罐语言的描写上，请学生大声朗读这些句子，找一找其中有哪些细节能够体现出两者的形象特点。（如铁罐说话时有许多的感叹号、陶罐说话时有省略号）

（2）同桌之间分角色朗读，尽量通过朗读、动作等表现出陶罐和铁罐的人物形象。

（3）上台表演朗读。同学之间互相评议，为什么某一组表现得更好？（原因：陶罐与铁罐形象差距很大，在表演朗读时两位同学之间也要有鲜明的对比）

（4）小结：通过之前的表格与刚才同学们的表演读，我们可以发现，"对比"在故事写作也好，故事阅读也好，都是一个非常重要的方法，足以称之为寓言故事中的密码。

【设计意图：在阅读学习课中，依然需要朗读。朗读作为一个语文学习中最常使用的方法，在最近几年中有流于形式的倾向。避免这种情况的关键就在于，在设计朗读之初就有需要达成的目标，而不是"为了读而读"。在"互文比照"基础学习课型操作之下，本环节中的朗读既起到了品析对话的作用，更关键的是，承接上一环节的表格形式，实际上是以另一种更丰富、生动的形式将"对比"直观地体现了出来，更有利于帮助学生感悟对比的作用，树立"互文比照"的阅读意识。】

第三板块：拓展课外，找"对比"

1. 再看图片，发现对比

（1）再度出示"文本切入"时出示的三张寓言故事图片，请学生找找看这几个故事中是否也有"对比"。

《龟兔赛跑》：乌龟与兔子的对比。

《自相矛盾》：矛与盾的对比，鬻盾、矛者与旁人的对比。

《画蛇添足》：添足者与其他人的对比。

（2）小结："对比"在许多寓言故事中都存在，发现了它，对我们阅读寓言故事、理解寓言故事有着极大的帮助。

2. 再读探究，联读寓言

（1）出示《蚂蚁与屎壳郎》《芦苇与橡树》两则寓言故事，联系课文《陶罐和铁罐》，寻找对比，并记录在《找"对比"阅读记录卡》上。

找"对比"阅读记录卡

文本	人物	性格	结局	寓意
《陶罐和铁罐》				
《蚂蚁与屎壳郎》				
《芦苇与橡树》				

（2）进行阅读记录卡分享，重点说说读出的寓意。

【设计意图：经过了前面的学习，学生已经初步掌握了对比阅读的方法，进入"举三反一"的阶段后，则需要提升难度、加大深度。虽然在设计上又出示了在"文本切入"环节中出现过的三张寓言故事图片，但此时要求已经发生了变化：从单纯的说故事名称、简述故事大意，转变为发现故事中的"对比"；之后，再由简单易懂的图片，提升到两则文字形式的寓言故事，由"读图"上升一步为"读文"，对学生阅读的要求大大提升；最后，同样是表格，但阅读记录卡相较于初读课文时的填表，难度上纵跨三篇寓言故事，深度上更是要求读出寓意，也是与前面的设计形成梯度。在本环节的"互文比照"基础学习型课堂设计上，教学形式无外乎读图、读文、填表，但难度、深度有所整合和比较，梯度式的设计也有利于学生逐渐掌握阅读方法，不至于因为难度

而心生退意。】

第四板块：由读到写，用"对比"

（1）创设情境，提供开头

在美丽的森林里，住着许许多多的小动物。可爱的小兔子每天在草坪上追逐嬉戏，勤劳的小蜜蜂终日在花丛中采摘花蜜，活泼的小松鼠总是在树叶间窜来窜去……最吸引人的，还要数小河中的那一尾鱼儿，每当它跃出河水，身上的鳞片总在阳光下折射出斑斓的色彩，引得身边的小动物们连连称赞。这天，一只老鹰停在了河边的矮树上……

（2）出示评价标准

能够把故事编写完整得一颗星，

能够用上明确的写法体现角色形象得一颗星，

能够运用对比，清楚地体现出故事的寓意得一颗星。

（3）小组讨论，创编故事

将故事写在《找"对比"阅读记录卡》的反面。

（4）学生进行创作交流

（5）根据交流意见、评价标准，小组内再进行故事修改

（6）课后誊抄故事，上墙张贴

①给故事起一个标题；注意分好自然段，每段开头空两格，不认识的字可以用拼音代替等。

②注意书写端正，字迹漂亮。

【设计意图：如前文所述，"互文比照"基础学习型课堂具有"语用性"的特点，本环节便是基于这一特点设计的对"对比阅读"这一阅读方法的实际运用。一直以来，阅读方法的运用检测比较难以开展，毕竟阅读不像生字词，是一种更感受化、个人化的体验。但换个思路，常说"读写不分家"，将阅读体验迁移到创编故事（即习作）中去，不失为检测阅读的一种可能的途径。同时，也为本单元习作"看图画，写一写"做了一个铺垫，为更好地达成本单元写作目标打下了基础。】

六、学教板书

陶罐和铁罐

陶罐：谦虚宽容、善良友爱……

对比

铁罐：傲慢无礼、狂妄自大……

对比寓言故事的异同

感受寓言故事的寓意

七、主要特色

本次"互文比照"基础学习型课堂设计以寓言故事《陶罐和铁罐》为例,根据三年级孩子的特点,将阅读贯穿课堂,让学生从读图到读文,从有指导地填表到自主学习式地记录,从阅读方法的习得到创编故事的实践,使学生在学习的过程中逐步树立"对比阅读"的意识,逐渐培养"互文比照"的阅读习惯。

1. 从读图到读文,由易到难树信心。三年级的学生是一群有了一定阅读经验、阅读经历的学生,对于许多耳熟能详的故事也早已有了一定的认识。但直接扔给学生数则寓言故事容易引起学生对于字数过多的天然抵触,难以激发阅读兴趣,更难以实现"互文比照"基础学习型的从"一"到"三"。而以寓言故事图片的形式切入文本,以最直观的图片阅读体验激发学生兴趣,可避免在开始上课之初就折损学生的阅读热情;同时借助学生们耳熟能详的寓言故事,总结寓言的特点,为之后的寓言学习铺平道路。在接触了阅读方法之后,由图片转文字,既有课内的寓言故事《陶罐和铁罐》,又有两则课外的寓言故事,就像是为学生搭好了登高的台阶,有利于树立学生读好寓言故事、运用好对比阅读的信心。

2. 从有指导地填表到自主学习式地记录,有扶有放显梯度。教师教学的目的是放手让学生自主学习,这样的理念在近几年的课堂上体现得越来越多。但怎么放,何时放,却是一个值得每位老师思考的问题。在这一次"互文比照"基础学习型课堂的教学案例中，对于怎么"帮扶"、怎么"放手"也进行了思考与设计。在课内阅读的表格填空中，表格内有老师已经预先填写好的内容，方便学生快速找到与之对比的文章词句。在这样简单易懂的训练中总结"对比阅读"这一方法需要聚焦的方方面面，来为下面的"放手"做好铺垫。之后，在课内外文本拓展阅读的环节中，以记录卡的形式，给学生一份与之前相似但难度却有了一定提升的空白表格，学生经过了之前的练习，潜移默化地便会聚焦于"对比阅读"需要注意的细节，那么进行自主学习的难度便下降了很多。

3. 从阅读方法的习得到创编故事的实践，从自学到促成长。评价是学习过程中必不可少的一环，但在阅读方法的教学上，评价检测这一环节却有一定难度。一来方法掌握程度的检测形式不好设计，二来个人的阅读体验难以把控，尤其对于三年级的孩子而言，评价的能力还在初级阶段，需要给予一定的评价标准或载体。而以"写作"沟通"阅读"的评价手段，是一个既有一定实际成果呈现，又较容易操作的评价手段。同时，在分享交流的过程中，学生听其他人的作品，看自己写的故事，这样的经历实际上又是一个隐性的对比阅读的过程。以"习作"评价"阅读"，在"习作"的过程中又进行"阅读"，既是对阅读方法的一次检测、评价，反过来又促进了学生对"对比阅读"这一阅读方法的掌握，对于培养学生"互文比照"的阅读习惯有着不小的作用。

第三节　"互文比照"基础学习型的操作策略

从统编版小学语文教材选编的课文出发，我们可以总结多种"互文比照"基础学习课型的学教策略。借力于文章本身进行同文类比；利用有共同特点的文章进行异文对比；链接整本书的教学进行内外融通……由此通过读、说、演、写等多形式的课堂互动，实现对比阅读，整合文本要素，训练语言运用，培养孩子"互文比照"的阅读习惯。

策略一：同文类比——同中求异

统编版小学语文教材中有相当一部分是选文。在"互文比照"基础学习型课堂下，我们可以采用对比阅读链接原文的方式，学习课文时对比原故事，引导学生进行比较式阅读，开阔学生阅读的视角，培养学生形成一种和原文对照读书的习惯。以统编版小学语文教材《巨人的花园》为例，课文在进行编排时对原文有着幅度颇大的改动。

《巨人的花园》改编自王尔德的童话作品《自私的巨人》。改编后的课文大约删去了原文后三分之一的内容，把巨人老迈而死以及巨人看到亲吻过他的男孩手脚被钉上长钉的情节都给删去了。这样的两篇文本在对比阅读之下，确实有不少内容可以深挖，更能帮助学生进行阅读习惯的培养。

1. 对比阅读，同中求异

"对比阅读"的阅读形式要求学生发现两个或多个的对比对象的相同点与不同点，这就需要对这些发现的成果有一个较为清楚明了的记录形式。根据不同的文本，表格、图片等都是可以参考选用的优秀载体。如《巨人的花园》与《自私的巨人》两则文本，便可以采用表格的形式引导学生进行阅读记录。

《巨人的花园》与《自私的巨人》阅读记录卡

	主要人物	结局	文章主题
《巨人的花园》			
《自私的巨人》			

通过阅读记录卡的表格形式，学生对故事的主要元素有了一个对比的记录，感受起来也会更加直白。当然，学生对文本故事的初印象也可以用图片的形式来对比感受。甚至在这类大的内容的感受上，图片的形式比起文本来更加直观、有效。

【分析：《巨人的花园》和《自私的巨人》在色彩上就有着比较明显的差异，这里的对比有助于学生在之后的阅读生涯中将作品与作者的生活联系起来，而不是把作品与作者割裂开来。】

2. 整合文本，体现要素

"互文比照"基础学习课型的整合性昭示着教学策略中也必然离不开对单元语文要素的体现。

在已经进行了初次对比阅读的基础上，对于文本整合、要素体现的教学还是应该重视课文与原文的对比。完全可以将单元语文要素迁移至文章原文，让学生经历两次有同有异的语文要素整合。

同时，为避免与对比阅读记录这样更理性的活动在形式上重合，在语文要素的整合环节上可以根据不同的课文环境，随机应变。比如对于《巨人的花园》，童话奇妙之处的交流就可以采用在图画上贴纸条等丰富的形式。

这样的形式既整合了单元要素，又不至于让学生审美疲劳，丧失兴趣。对于《自私的巨人》，也可以依葫芦画瓢采用相同的方式，在贴完了纸条之后，学生再来对比看看，两篇故事是否在童话的奇妙之处上也有所异同。

同时，对于人物形象的认识，在本单元语文要素中有了很明确的指向——"真善美"。结合之前的记录卡，学生会知道故事中有哪些人物，那么他们的"真善美"是一样的么？这一问，又是一次对比阅读的契机。在这个单元主题的引导下，学生会发现孩子童真、热情的"真善美"，会发现巨人知错就改、友好的"真善美"。同是美好的事物，依然能够进行对比阅读。同理，《自私的巨人》中最主要的小男孩与巨人又是怎样的"真善美"呢？

【分析：统编版教材对于故事类文章往往都会要求学生对人物形象有一个整体的把握，这一教学要求在对比阅读原文时也应有所体现，但原文与课文的人物形象在很多时候又是有一定出入的，哪怕都是"善"都是"美"，可能又有不同点。这也是训练学生阅读能力的一个点。】

3. 训练语用，回归体裁

在统编版教材中，故事也有着许多种类型，比如神话故事、寓言故事、成语故事、民间故事等等。在"互文比照"基础学习型课堂下，学生语用的实践应与故事的体裁紧密联系起来。

就像《巨人的花园》，它作为一篇童话故事，其特点就在于"奇妙"二字。纵观古今中外的童话故事，无一不是在依附于现实的基础之外，又有一定奇妙的想象，以此来体现出人物的形象。那么在进行语用训练时，不论是说、唱、演，还是续写、改写，都应牢牢抓住"奇妙"二字。同理，寓言故事要抓住"寓意"，神话故事要抓住"神奇"。即使是相同的语用训练形式，但在《巨人的花园》和《陶罐和铁罐》两堂课上，指引学生所要达成的重点也应该是不同的。

【分析："文体意识"不仅仅老师应该具备，若想让学生进行更深度的阅读，那么教师也应该潜移默化地为学生慢慢树立这样的意识。相同的训练模式却因为体裁有不同的侧重点，这也是设计思路上的"同中求异"。】

策略二：异文对比——异中求同

除了根据原文改编的课文，其他的文章我们也可以有的放矢地寻找进行对比阅读的优秀素材。就算看似毫不相干的文章，或因主题相同，或因结构相似，或因写法相同，或多或少地总会有一些相同点，这也将成为"互文比照"基础学习课型进行比较阅读的好素材。以《亡羊补牢》这一篇寓言故事为例，我们可以用课内文本《揠苗助长》和课外文本《南辕北辙》互文对照。

对于二年级的孩子来说，寓言故事的吸引力更在于它的故事性，那么在教学过程中对于故事的演说必不可少。这三篇故事的共同点是都属于寓言故事，那么，其特点"寓意"就不能不让学生知道。因此，在演说故事的过程中，也需要引导学生归纳道理，使二年级的孩子也能对于寓言故事"借用小故事，揭示大道理"的文体特点有初步的感性认识，从而反过来提升读寓言故事的兴趣，继而进一步在反复演说中提高语文能力。

1. 对比阅读，异中求同

因为《揠苗助长》为课内文本，《南辕北辙》为课外文本，在对比阅读的设计上，更适合以《揠苗助长》为梯子，遵循由课内向课外的规律，进行分段式的对比阅读，而不是一股脑儿全丢给孩子。同时，同样是对比阅读，同样是发现异同，但因为是"异文对比"，看似记录形式未变，但记录的重点也会与之前"同文类比"的操作策略有所区别。

《亡羊补牢》与《揠苗助长》阅读记录卡

	主要人物	性格	结局	寓意
《亡羊补牢》				
《揠苗助长》				

就像《亡羊补牢》与《揠苗助长》两则故事的对比阅读，学生会发现，《亡羊补牢》中的牧羊人因为知错就改，所以最后的结局总体还是好的；而《揠苗助长》中的农夫，因为自作聪明，反而害得地里的庄稼都死了，沦落到了一个坏的结局。由此可以引导学生得出规律：在我们的寓言故事中，正面形象的人物往往会获得一个好结局，因为作者要借此告诉人们道理，寓意往往是"我们应该……"；而负面形象的人物大多落个坏结果，因为作者要借此劝诫人们，寓意往往是"我们不能……"。学生通过这样的对比阅读，不仅发现了寓言故事中的一些规律，也对于如何归纳课外寓言故事的寓意有了一定的思路。

之后，再拿出《南辕北辙》进行对比阅读。

《亡羊补牢》与《揠苗助长》《南辕北辙》阅读记录卡

	主要人物	性格	结局	寓意
《亡羊补牢》				
《揠苗助长》				
《南辕北辙》				

学生会发现，《南辕北辙》中并没有直接告诉我们坐车之人的结局，但通过前面的学习，学生一定能够猜到，他这样听不进劝告的人，结局一定不怎么好，学生也会自然而然地说出，这则寓言告诉我们，"我们不能……"。

【分析：对于二年级的学生而言，一口气扔给他们三篇故事可能会因为字数过多、阅读时间稍长而注意力发生转移。但通过课内故事搭建好梯子，发现了规律，再进行课内与课外故事的对比阅读，将课内故事当作阅读练习的素材，那么检测、评价的效果也便达到了，更让学生对"寓言"这一文体特有的"寓意"留下了深刻印象。】

2. 整合文本，辅助演说

统编版二年级的教材比较特别，它没有单元导语页的存在，因此语文要素并没有直接地告知我们。但每篇课文的课后习题，依然能够让人把握住每个单元的语文要素。如《亡羊补牢》所在的《寓言二则》的课后习题二，就明确点出要学生"读一读，说说每组的两个句子有什么不同"。

可以发现，这里也是两组句子内部的对比阅读，差异仅仅在于"赶紧"和"焦急"两个词语。联系前文的阅读记录卡，学生也能够发现，"赶紧"恰恰体现了牧羊人的知错就改，而"焦急"则体现了农人的不顾事情发展规律。所以可以提炼出，本堂课的语文要素之一就是让学生体会神态等描写对人物形象的塑造作用。那么便可以举一反三，让学生对比阅读修改后的课内句子，培养学生赏析的能力。如：

① 一天，他终于想出了办法，就跑到田里，把禾苗一棵一棵往高里拔。

② 一天，他终于想出了办法，就急忙跑到田里，把禾苗一棵一棵往高里拔。

【分析：像句子中"焦急""赶紧"等词语，对于学生演说故事而言是十分有帮助的。通过这样的对比阅读，让学生体会到这些词语的表达作用，再来进行故事演说，学生的表现将会增色不少。】

3. 训练语用，演说故事

对于二年级的学生来说，锻炼他们口头表达的能力十分重要，而像这样寓言故事的演说环节就是一个非常好的训练机会。同时，训练的素材也可以多种多样，比如之前使用的阅读记录卡，"主要人物""性格""结局"等要素都在帮助学生串联起整个故事。而"寓意"一栏也在提醒学生这个故事的体裁，不要忘记在故事演说中加入"寓意"这一重要内容。同样，针对二年级学生对图片更感兴趣的特点，也可以使用图片来提示学生演说整个故事。

【分析：不论是借助文字还是借助图片，学生对于故事的演说是"互文比照"基础学习型课堂上低年级故事类中离不开的重要环节。在"异文对比"的策略中，学生通过对比阅读感受文本特征，借助文本特征帮助故事演说，再通过故事演说树立起对文体特点的初步感性认识。】

策略三：内外融通——寻同求异

在统编版小学语文教材选编的诸多课文中，有很多文本选自名家名篇，这样的安排在"互文比照"基础学习课型中，为我们借助课文选文来链接整本书的教学提供了可能。我们可以通过课文来引入关联，引出整本书的阅读。所谓的"关联"，指的就是与课文有同根同脉之源的文章。这些故事和课文出自同一作品，在写法与情感传递上近似，读后能帮助学生发现课文的特质，以此来提高阅读效率。

以《祖父的园子》一文为例，《祖父的园子》选自萧红的《呼兰河传》，文中有着大量的对于园子中景物的描写，更塑造了一个调皮、自由的小姑娘形象——"我"。初读《祖父的园子》，学生可能更多的是被园子中生机勃勃的农家景物所吸引，羡慕文中"我"受到祖父的宠溺，过着自由自在的日子，而甚少思考实际上这些经历对于作者而言意味着什么。但通过适时引入《呼兰河传》中的文本，可以引导学生理解。关联的文章或片段在主旨和写法上必须近似课文，这对于高年级学生语言的积累和故事内涵的把握都将起到积极作用，更对于推荐整本故事书阅读有着不可忽视的帮助。

1. 对比阅读，寻同求异

因为是课文（选文）与作品其他部分内容的对比，所以必然需要为对比设置一个目标。比如对《祖父的园子》中优美语言的积累，就可以出示一段《呼兰河传》中同样描写园子的文字进行对比阅读，继而用阅读记录卡进行记录。

《祖父的园子》和《呼兰河传》阅读记录卡

	主要描写景物	修辞方法	表达效果	我喜欢的句子
《祖父的园子》				
《呼兰河传》				

以积累语言为主要目标的阅读记录卡可以结合摘录、赏析等要素进行设计，而以体会情感为主要目标的记录卡则需要学生摘录下产生体会的依据。

《祖父的园子》和《呼兰河传》阅读记录卡

	主要描写人物	描写景物特征	表达的情感	我的依据
《祖父的园子》				
《呼兰河传》				

【分析：对比阅读完全可以根据所要达成的目标来给学生提供指向。只是调整一下记录卡的设计，就能在课文与原著所选文本之间寻同求异。】

2. 整合文本，体会情感

《祖父的园子》被编排于统编版小学语文教材五年级下册第一单元，这个单元要求学生"体会文章表达的思想感情"。在初读课文之后，很多学生会倾向于认为本篇课文"赞美了田园生活，表达了对自由的童年的怀念"。这样的理解单独看课文本身似乎并没有什么不对。但联系萧红本人的经历，联系《呼兰河传》这部以她童年生活为线索写就的小说，我们就可以明白，其实《祖父的园子》并不是在传递这些情感。

而通过链接《呼兰河传》中的文本，学生就能很快地发现文章真正想表达的思想感情。

"呼兰河这小城里边，以前住着我的祖父，现在埋着我的祖父。"

"从前那后花园的主人，而今不见了。老主人死了，小主人逃荒去了。"

"以上我所写的并没有什么优美的故事，只因它们充满我幼年的记忆，忘却不了，难以忘却，就记在这里了。"

通过阅读，通过抓住文中"埋着我的祖父""逃荒"等关键词句，学生可以轻易发现，儿时在祖父园子里的记忆可以说是萧红苦难的一生中为数不多的幸福回忆，因此即使"老主人死了"，即使经历了多年的"逃荒"，这"幼年的记忆"，依然让萧红"忘却不了，难以忘却"。

借助原著文本的辅助，学生对于《祖父的园子》的内涵理解就会更深一层，会去思考这个园子承载的除了"我"的欢乐，还有什么，会去思考这段童年的快乐回忆对于萧红而言还意味着什么。诸如此类的思考、疑问，就会帮助学生正确地理解课文的思想感情。

【分析：到了高年级，对于文章内涵、思想感情的理解既是重点，也是难点。这样联系原著文本的策略会让学生就算没有读过这本书，也对书有了一个基本的认识；同时也为学生之后的阅读学习经历提供了由选文走出去，去翻阅、链接原著的阅读方法，以此来为学生打开更广阔的阅读面。】

3. 训练语用，尝试描写

《祖父的园子》中有着大量的对自然景物的优美描写，真正把一个不大的园子展现在了读者的眼前。这就是一个非常好的素材，来训练高年级学生模仿写作的能力——把重点的事物写具体。

在这一课的语用训练上，可以采用小练笔的形式，比如"写写教室"，或者"写写我家的园子"。通过小练笔、习作分享，来对比自己的作品和同学的作品，来对比班级内的作品和萧红的作品，进一步感受作者的写法。

【分析：在"互文比照"基础学习课型的设计下，语用训练也要相机安排，即使是小练笔，即使是几句话、一段文，也要鼓励学生拿起笔来，用笔尖去靠近名家名作，再通过对比阅读，更加深入地感受作者写法的优秀之处。】

第二章　"重组建构"广域学习型

第一节　"重组建构"广域学习型的课型特征

在当下，"自主学习"这一现代化学习方式愈发成为课堂学习中的主要形式。它是一种以学生作为学习的主体，学生自己做主，不受别人支配，不受外界干扰，通过阅读、听读、研究、观察、实践等手段使自身获得发展的学习方式。面对这样的现象，思及"阅读"也是"自主学习"中重要的学习方式之一，那么有没有一种学习类型，能够有思路、有规律地指导学生进行自主阅读学习呢？

经过构思与实践，为提升学生自主阅读效率，读懂文本，笔者提出"重组建构"广域学习课型。所谓"重组建构"的广域学习型，是指针对某一类或某几类文本，根据文本主题、文体、结构等方面的不同，对阅读文本进行重组，重组后组织学生根据同一议题展开讨论和教学。俗话说"对症下药"，以"重组建构"

为核心的广域学习课型，要求学生有针对性地就某一个议题来进行阅读，符合"带着问题去读"的阅读方法，适应当下考试中阅读题的解答思路。同时，这样的阅读形式也有利于学生掌握自主阅读的方法，做到"把书读厚"。在这样的阅读模式下，"重组建构"广域学习课型具有以下三大特征。

一、类比性

相较于"互文比照"基础学习课型的比较性，"重组建构"广域学习课型的类比性有所不同，其类比的前提就在于对文本进行"重组"。重组的过程需要依托有一定联系的文本，根据所要研究的议题，来进行重组。重组后的文章方为阅读、研究的主要对象。在之后的阅读中，比较的对象不再是文本一与文本二、三之间的比较，而是文本组一与文本组二、三的比较。类比的数量更多，难度更大，程度更深。通过整组文本的比较阅读，来找出这一类主题的文本所具有的异同点，在此基础上组织学生进行讨论或展开教学。这样的对比阅读模式，学生面对的文本数量更大，符合群文阅读的理念；同时，文本成组进行类比，更有利于学生对文本进行一类一类的学习。

二、同一性

根据所要研究的议题不同，在将文本拆分开之后，对于文本的重新架构的思路也不尽相同。在重组架构的过程中，或者按同一作者进行归类，或者按同一主题进行归类，或者按同一问题进行归类。总之，是在对于文本有一定了解、有一定比较的基础上，根据所需要的类型，将之重新架构。完成这一架构后的文本组，组内必然有着相当强的同一性，它们之间的某一个共同点对于学生而言也一定会是比较明确而直接的，这也是学生根据文本组进行阅读、研究的基础。之后，在进行这一组文本的阅读时，因为这个组内文本相同点的影响，学生的主要思路、主要想法设计往往会在大方向上同一。一组文本，几个有同有异的观点，在这样的条件下进行对议题的讨论、研究，更有利于学生对于整组文本的深入阅读。

三、重推广

统编版小学语文教材与之前使用的人教版等教材不同，之前的教材可能在不同的老师手上有不同的教学着眼点，而现在推广的统编版教材则更加明确地点出了哪篇课文该以什么内容为重难点。这就使得任何地方的任何老师，所授课程尽管在风格上有所不同，但在主要思想和课堂重点上总是大同小异的。学生整组阅读的议题不会相差太远，那么给予学生进行"重组建构"广域学习的对应文本组往往差别也不大。那么，教师 A 针对某一课可用阅读素材进行"重组建构"后的文本组，教师 B 稍加因地制宜，也可以拿来使用；教师 B 根据某一课采取的"重组建构"策略，教师 A 稍作修改后也可以用得上。在"重组建构"广域学习课型之下，许多的教学资料都值得且颇具推广性，甚至在推广的过程中，可以举一反三，逐步完善。

综上所述，"重组建构"广域学习课型是一种有类比、多同一、重推广的学习课型，对有一定阅读基础的学生而言，尤其针对阅读儿童故事这样有着人物形象、故事情节、社会环境等丰富的可探讨空间的文体来说，它能为教师提供指导方向的抓手，有助于学生根据议题自主开展讨论研究，读懂一类有共同点的文本。

"重组建构"广域学习课型需要根据所要讨论的议题对文本进行重组建构，"一个萝卜一个坑"地进行阅读，所以其在操作流程上更加倾向于网状。其操作流程大致可以分为"阅读材料，撷取角度""广域阅读，目标指向"两大步骤。

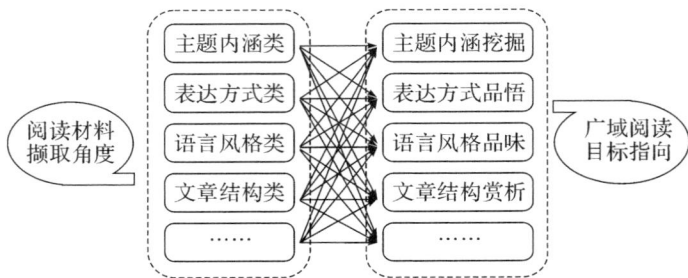

"重组建构"广域学习课型操作流程图

一、阅读材料，撷取角度

1. 阅读材料。同样是针对儿童故事的对比阅读，但在"重组建构"广域学习课型下，要求有所不同。这一操作流程要求根据不同的类型，来发现不同文本的相同点，以把它们组合成一个文本组。如要开展对于文本主题内涵类的讨论研究，就需要阅读、发现多个文本之间在主题内涵上的相同点；若要进行对于文本表达方式的发现学习，则需要阅读、发现多个文本之间在表达方式上的共同点。与"互文比照"基础学习型的"随手采撷"式的对比阅读不同，这一操作流程下的阅读更像是"有的放矢"地带着目标的对比阅读。

2. 撷取角度。受自身性格、阅读经历等方面的影响，即使确定了同一个议题，但学生在阅读中寻找讨论依据的角度必然是有所差别的。如要讨论一篇文章的语言风格，有的学生会着眼于文章人物的语言描写，去找到作者使用的方言，有的学生则会注意自身的感受，专拣那些能逗笑自己或是打动自己的文段……这一处的因人而异，为讨论时学生之间的互相启发提供了可能。在讨论的过程中，孩子们会发现原来可以换一个角度来寻找阅读的依据，那么经过多次这样的启发，在之后的阅读中，原本的因"个人喜好"而选取角度，慢慢就会被潜移默化地影响为根据"阅读经验"来选取角度，长此以往，"阅读经验"也就变成了"阅读方法"。

二、广域阅读，目标指向

1. 广域阅读。"重组建构"广域学习课型，提供了多个学生自主阅读的广域空间。如初次对文本组的阅读，如角度选取时带着议题去阅读。而最可称"广"的一块阅读空间，就在于由短短的课内文本引申向课外更多内容的阅读、讨论。如在讨论文本主题内涵的议题下，学生完成了自主学习式的讨论研究，对于这一议题有了一定的认识和成果，那么便是时候产生迁移了，在已有的成果之下讨论文本的表达方式或语言风格等内容，之后将这些方面的讨论成果归于某一主题，结合资料，讨论在这么多文本中都出现的主题的形成原因、文学价值、历史背景等等。这样的阅读模式，把学生由小议题一，指引到了小议题二、三，再以对小议题一、二、三的讨论成果，归纳出这些文本中的一个母议题。通过对比多个文本、多个议题，来开展广域的阅读探讨。

2. 目标指向。经过"重组建构"的文本组，其中必然有一个最大的、可值得探讨的相同点，这一点往往也会被选用为议题。但在"重组建构"广域学习课型下，这一点更倾向于目标指向。对于学生来说，初次讨论的议题不宜过深，而是要选择一些较为浅显的内容作为小议题一，经过"广域阅读"环节之后，再将这个文本组中值得探讨的相同点作为母议题引出，来为难度较大的母议题探讨做好铺垫。在这样的操作流程下，母议题便成为本次学习的最终问题，也为学生课后继续开展课外阅读提供了一个指向。

　　根据文本主题、文体、结构等不同，有目的地将文本进行重组建构，以带着任务的对比阅读为途径，给予学生自主撷取角度的阅读空间，开展横纵多个文本、多个议题的广域阅读，最后来探讨文本组中最深入的母议题，这就是"重组建构"广域学习课型中"阅读材料，撷取角度""广域阅读，目标指向"的操作流程。

第二节　"重组建构"广域学习型的课例研究

一、教材分析

　　本单元的语文要素是"了解故事的起因、经过、结果，学习把握文章的主要内容"和"感受神话中神奇的想象和鲜明的人物形象"。围绕"神话"这一文体，本单元编排了四篇神话故事，其中三篇中国神话、一篇外国神话。同时，与语文要素有所对应，课后习题往往都要求学生找出课文中神奇的地方，或是按照起因、经过、结果的顺序来讲这个故事。《盘古开天地》是本单元第一篇课文，在这篇课文中，学生将看到一个混沌的世界，见识一个顶天立地的巨人，经历大地万物诞生的过程……可以说，字字是神奇，句句有壮气。在"重组建构"广域学习课型下，"神话"的"神奇"之处便可以作为议题供学生探讨。在"神奇"之余，《盘古开天地》这则神话的类型还属于"创世神话"。联系中外的神话故事，我们会发现各个地域、各个民族基本都有属于自己的"创世神话"。那么，由中国的创世神话读到国外的创世神话，借创世神话来探讨"宇宙卵"这一母命题，这样的目标指向思路就形成了。同时，作为本单元第一篇课文，《盘古开天地》也承担着方法习得、思路拓展等单元内的任务。而由寻找神话的"神奇"，到思考世界范围内创世神话故事的"宇宙卵"母命题，无疑也能推进学生在之后阅读《普罗米修斯》等神话时想得更进一步，去其他神话故事中找找某个母命题，开展更广域的阅读学习。

二、学情分析

神话故事对于四年级的学生而言，已经是一个非常熟悉的文体了。尤其是本单元中的几篇神话，相信大部分学生都可以用自己的话来讲讲这些故事。那么，在课堂上，就已不需要花太多的时间专门地让学生学习讲故事、练习讲故事，以起因、经过、结果这三大学生已经熟悉的故事性环节来快速讲述故事内容即可。结合四年级学生的情况，首先，学生对《盘古开天地》很熟悉，但对于"创世神话"这一类型很多人都是初次听到，兴趣较为浓厚；其次，这一年级的学生大多已具有相当的阅读面和知识面，对于课本外的故事有相当的接受能力。因此，在"重组建构"广域学习课型中，可把"创世神话"这一类型作为文本组，重构多个创世神话，来为学生提供阅读、讨论的素材。

三、设计理念

兴趣是学生探讨议题的根本动力。根据四年级学生的特点，结合他们对"创世神话"这一新鲜内容的兴趣，让阅读与探讨贯穿课堂，既给了学生安静阅读的时间，又给了学生热闹讨论的空间。在几个小议题的成果下，引出"宇宙卵"这一有一定深度的母议题，通过阅读、讨论，以广域的学习来指引学生思考有深度的问题。最后，以深度思考的成就感为诱饵，吸引学生在课外继续阅读相关的内容，从阅读到发现、讨论，再由成果返归到阅读，以此来帮助学生掌握阅读方法，读懂"创世神话"这一类文本。

四、学教目标

1. 以起因、经过、结果的顺序，说说盘古开天地的过程。

2. 找出课文中神奇的地方，进行讨论。寻找《盘古开天地》中的民族元素。

3. 走进《圣经》中上帝创世的故事、埃及的全能神努创世的故事，寻找其中的共同点，了解地域、民族的元素对创作的影响。发现"神奇"与"创世神话"。

4. 讨论、猜想创世神话故事中"宇宙卵"母题的形成原因。

学教重难点：发现几个创世神话中的共同点，讨论、猜想创世神话故事中"宇宙卵"母题的形成原因。

五、学教板块

第一板块：单篇阅读，切入话题

1. 看图猜故事，合作讲故事

（1）教师出示《盘古开天地》图片，让学生猜一猜图片说的是什么故事。猜对的同学大致讲一下这个故事内容。

（2）请另一位学生把刚刚同学讲的故事按照起因、经过、结果的顺序分成三部分。

（3）合作讲故事。出示三个部分的开头，同桌之间根据开头试讲故事。

起因：很久很久之前，天和地还没有分开，宇宙混沌一片，像个大鸡蛋……

经过：有一天，盘古醒来了……

结果：盘古倒下后……

（4）请同学上台，根据给出的开头，按照起因、经过、结果的顺序来讲讲这个故事。

【设计思路：按照起因、经过、结果讲述这个神话故事是本单元的语文要素之一，但《盘古开天地》作为一则中国人耳熟能详的神话故事，这个要求对于四年级学生来说并不算是一个难点。为了把更多的时间留给学生进行广域阅读，将难度不大的部分进行压缩，在确保每个人都能开口说的情况下，再请一位同学进行

代表性讲述，已经足够学生完成这个目标。】

2.　说自身印象，感人物形象

（1）请几位同学说说对盘古的印象。

（2）小结盘古的人物形象。（勇于奉献、不畏艰险、敢于牺牲……）

（3）说说盘古做的哪些事使学生产生了这样的印象，这些事是不是特别"神奇"？

3.　寻找"神奇"，引出"创世"

（1）议题一：寻找"神奇"。请学生再读课文，找出课文中有哪些神奇的地方，并进行交流。

（2）小结：《盘古开天地》最神奇的地方莫过于，盘古创造了整个世界。

（3）简单介绍中国其他的几个创世说法。（《九歌》中的太一、《淮南子》中的阴阳二神等）

（4）介绍此类神话故事类型——创世神话。

（5）引出议题二：世界是怎么来的？

【设计思路：由盘古的人物形象引出神话故事中的"神奇"，由盘古身上的"神奇"引出"创世"这一行为，再由中国古代其他关于"创世"的说法引发学生思考——世界是怎么来的？原本在设计上是想制造现实理论与神话故事的冲突，来引出这个话题，但最终还是采用了中国古代不同的关于创世的神话，理由如下：首先，在一个神话故事中讲述科学理论，本身就非常"出戏"，容易把学生从已生成的神奇感觉中拖拽出来；其次，以神话故事推进神话故事的阅读，在文体上更加统一，也为下面引出各国的创世神话做好铺垫。】

第二板块：比较阅读，寻找共性

1. 介绍创世神话，了解影响因素

（1）简单介绍各国的创世神话。（巴比伦神话、赫西俄德《神谱》中的创世神话……）

（2）了解地域、民族的元素对创作的影响。（如巴比伦神话与《盘古开天地》不同，并非单一神创造了世界，而是各个神各司其职，创造了世界。这与苏美尔人的生活条件更需要合作共生有关）

（3）学生再读《盘古开天地》，寻找这则神话故事中属于中华民族的元素。（如使用斧头分开天地，而非很多民族神话中的创世神吹了一口气就造就了天地，这与中华民族的刀耕火种传统有关；如轻而清的东西上升为天，重而浊的东西下降为地，这与道家的思想有关）

【设计思路：神话故事与该地域、该民族的关系是十分紧密的，这在神话故事中的方方面面都可以感受到。以《盘古开天地》中的中华民族元素为引子，带着学生去了解其中影响着中华民族思维的诸多元素，也是广域学习的体现。同时，这一环节也在强化学生将各类故事与创作者、创作时代等重要影响因素联系起来进行理解的意识，对于本单元之后学习《普罗米修斯》《精卫填海》等神话打下了基础。】

2. 比较阅读，发现特点

（1）发给学生故事纸，纸上内容为《圣经》中上帝创世的故事、埃及的全能神努创世的故事。学生进行比较阅读，并记录在阅读记录卡上。

"创世神话" 阅读记录卡

文本	创世神	我对创世神的印象	创世方式与顺序	创世神的结局
《盘古开天地》				
《圣经》中上帝创世				
埃及全能神努创世				

（2）学生分享阅读记录卡内容，先找找三则创世神话中有哪些不同。

创世方式：盘古以斧子开天辟地，以自己的身体化作山川河流；上帝、努以语言和召唤等形式创造了世界上的各种事物。

创世神的结局：盘古力尽而亡，自己的身体化作了大地上的事物；上帝、努安然无恙，受万物的膜拜。

（3）议题三：再读三则创世神话，结合之前说到的地域、民族对创世神话的影响，请学生讨论并说一说，两类创世神的创世方式和最终结局对不同的民族文化是否也有影响？

【设计思路：经过先行的重组构建，将三则有同有异的创世神话编排在一起。先引导学生进行阅读记录，把所得的材料进行规整。之后先行发现三则故事中的不同点，联系刚刚学习到的地域、民族等因素对神话故事的影响，让学生自由发表自己的看法。既对学生进行了阅读方法的训练，也给予了学生相当广阔的讨论空间。】

3. 合作探究，发现共性

（1）再看记录表，请学生小组讨论，说说各个创世神话之间又有哪些相同的地方。（都是先开天地，再造日月，之后再创造山川河流、花草树木；各个相距遥远的地方，都有一位创世神创造了世界）

（2）讨论交流：不同的国家，不同的民族，为什么都会有一则创世神话，创世神话中又为什么会有这么多相同的地方？

（3）简要介绍"宇宙卵"元素，出示相关阅读文本，再看《圣经》中上帝创世的故事、埃及的全能神努创世的故事，发现其他国家创世神话中对于卵生宇宙的描写。老师简要介绍下中国对"宇宙是圆形的"这一认识的发展历程。

（4）引出母题，小组聚焦讨论、猜想"宇宙卵"元素的形成原因。

【设计思路：结合四年级学生对于新认识、新概念的好奇，以"宇宙卵"元素为母题，看似是在讨论这个对于小学生而言好像太深了一些的话题，但其实还是在创世神话这个故事范畴内引导学生寻找相同之处。只不过，由学生自由找相同点，转变为老师给出命题。而猜想、讨论"宇宙卵"这一创世神话常常出现的母题，又与之前学习的地域、民族对神话故事的影响这一内容联系了起来，只不过猜想的对象由某一块地域、某一个民族变成了整个地球、整个人类族群。除此之外，在了解到"宇宙卵"这一母题的同时，也为学生在之后的推荐阅读中继续去探究该母题，去发现人类瑰丽的想象故事中其他关于创世的母题埋下了兴趣的种子。】

第三板块：推荐阅读，深入研究

1. 推荐阅读，方向指导

（1）简要介绍其他与"宇宙卵"母题有关的创世神话故事。

（2）出示推荐阅读书目，为课后阅读提供方向。

2. 小组合作，课后研究

（1）梳理《盘古开天地》，借课文引出四大创世神话元素：一是卵形原始宇宙，二是宇宙按照特殊圣数模式形成，三是原始巨人身化万物，四是生命宇宙观。

（2）将班内同学分成四个小组，布置任务。各选一个创世神话元素，课后搜集相关阅读材料，讨论、猜想其形成原因。整理成小报或文章的形式，上墙张贴。

【设计思路："重组构建"广域学习课型不仅在课堂上有其广度，在课后的阅读、学习上也有它扩大学生阅读面、帮助学生读懂一类文本的特点。通过组织主题式的学习，要求学生在课后展开阅读活动，将学生的阅读范围从课内引向课外。同时，将研究讨论所得的成果整理成小报、文章，等于是让学生拥有了一次成果推广的学习经历，能够树立学生对于继续进行主题式研究阅读、推广式成果展示的信心。】

六、学教板书

盘古开天地——创世神话

起因：很久很久之前……

经过：盘古醒来了……

结果：盘古倒下后……

创世神：盘古、上帝、努……宇宙卵

七、主要特色

本节"重组建构"广域学习型课堂设计以《盘古开天地》为例，根据四年级孩子的特点，在文本阅读中加入思考，给学生安静阅读和热烈讨论的时间，让学生从阅读故事情节到猜测影响神话创作的因素，从讨论一个个小议题到研究神话故事的母题，从课堂内完成老师给的学习任务到课堂外开展广域的学习活动，引导学生在学习的过程中逐渐学会抓住一组文本的相同点来进行阅读，对读过的一类类文章产生自己的理解和认知。

1. 从阅读故事情节到猜测影响神话创作的因素，改变阅读重点。孩子都爱读故事类的文本，都会被它那生动有趣的故事情节所吸引，四年级的孩子当然也不例外。虽然这样的情况会使得学生对学习本篇神话故事有较大的兴趣，但也会使得学生第一时间将阅读的重点都放在情节、人物等较为浅显的作品内容上。长此以往，对于学生开展深度阅读反而会成为阻碍，教师需要引导学生把阅读重点放到作品的精神内核、创作背景等更有深度的内容上来。在本节课的设计中，引导学生将阅读重点迁移到猜测、思考影响神话故事中某些神奇元素的因素上来，以地域、民族为引子，让学生想到是否还有其他影响创作神话故事的现实因素，从而为学生打开一个新的阅读视角。

2. 从讨论一个个小议题到研究神话故事的母题，增进阅读深度。在任何一堂课中，都应该有一些孩子"踮踮脚"就能摘到的"桃子"，更应该有一个或几个需要孩子"跳一跳"才能摘到的"桃子"。在这堂"重组建构"广域学习型课堂上，出现的三个小议题（"寻找'神奇'""世界是怎么来的""两类创世神的创世方式和最终结局对不同的民族文化是否也有影响"）就是那几个可以较为轻松摘到的"桃子"。但即便如此，这三个"桃子"依然一个比一个"高"，需要学生一次比一次"踮"得高。在完成这三个小议题的讨论交流之后，学生对于创世神话的特点及概念便都有了一个大致的印象，这时候再通过引出母题"宇宙卵"，通过神话故事中母题高概括度的概念将之前的小议题进行收容，进而思考、猜测一个更有深度的问题。这一过程其实便是在为学生搭梯子，帮助他们去摘最难摘下的那一颗"桃子"。

3. 从课堂内完成老师给的学习任务到课堂外开展广域的学习活动，拓展阅读宽度。在整堂课内，学生讨论小议题、完成阅读记录卡、猜测母题形成原因，各类学习任务形式多样，但终究是有边界的广域学习，一切活动均在老师的指导和安排下开展。但这种种活动，相当于模拟了一次小组内的主题学习，为学生在课后开展小组式的神话元素探究提供了经验。之后再进行分组，或继续探究"宇宙卵"这一神话元素，或另择其他大有阅读空间的神话元素进行小组阅读学习，再以纸面形式推广成果，这样课外的学习活动，老师仅仅只是给出了一个方向，活动的形式和方法都是学生在课堂上潜移默化习得的，老师的参与度就大大降低了，这为学生日后开展学习活动打下了基础。

第三节 "重组建构"广域学习型的操作策略

从统编版小学语文教材选编的课文组合出发，结合"重组建构"广域学习课型的主要特点，我们总结得出了多种学教策略。借力于重组课文内容、对比阅读文本组、开展议题讨论、链接课内课外文本、推广学习成果，由此，使得学生在教师有计划的方向指导下，开展有生成的广域学习，进行整组比较阅读、发现文本组同一性、展开阅读成果推广，以此来潜移默化地传授学生阅读方法，帮助学生读懂一类文本。

策略一：主题重构，挖掘内涵

统编版小学语文教材的课文以专题整合为编排原则，每一个单元都有一个较为明显的主题。面对这样的特点，在教学中，我们由课内的文章确定议题，根据单元主题来按图索骥，衍生出一系列的文章，重组成同一个议题展开讨论和教学，在课堂有限的时间内尽量只讨论一个母题。以前文中《盘古开天地》为例，我们就将切口放到对"创世神话"这一主题的研究中去。

神话诞生于远古时代，在先民探索、认识和阐释宇宙万物的过程中逐渐形成，可以说是人类文明中最早产生和传播的艺术形式之一。世界上所有民族文化的产生、各类艺术的形成，都或多或少地受到过神话的滋养。同时，"创世"又是各个民族神话体系中的核心，是神话中最神圣的部分，是所有神话内容存在的基础和意义的根源。一旦失掉了这种神圣性，神话很难再称之为神话。因此，"创世神话"在当下依然具有很高的阅读和学习价值。而只读《盘古开天地》这一则创世神话，很难体现其在神话体系中的地位，很难突出其神圣性，因此链接中西方，打通国内外，将《盘古开天地》这一则中国神话进行重构，以"创世神话"中"宇宙卵"这一母题为课堂主要讨论的问题，来带领学生进行广域学习。不仅仅读懂这一篇神话，更读懂"创世神话"这一个大类，便变得有其实践价值了。

1. 整组类比，引出主题

面对一整组文本的阅读，"对比阅读"这一基础学习型中学生业已掌握的阅读方法又能发挥出巨大的作用。主题的重构不代表只学习这一主题，如在学习《盘古开天地》时，中西方三则创世神话的对比中也有不少有所出入的点，而这些点与当地的地域情况、民族文化有着极其深刻的联系。因此，在设计阅读记录卡时才会考虑将需要记录的条目设置为文中有同有异的内容。

但这一部分始终不是最重要的，它就像本堂课中寻找"神奇"一样，是神话中必不可少的内容，但需要花更多时间进行研究的另有他处。通过类比发现诸多不同，各地的创世神话中的"相同点"反而会愈发突出，学生不由地会去思考：为什么相距甚远的各个地方，都会有关于创世神创造世界的故事呢？以此引出"创世神话"这一神话大类，便显得顺理成章了。

【分析：按照学生的阅读习惯，首先会关注的必然是神话故事的情节、神奇之处。三则创世神话在内容上有同有异，通过对比阅读，学生也能够轻易地发现这些异同。但为什么会产生这些异同呢？通过联系地域、民族，学生能够知道，神话并不是脱离现实的，恰恰相反，它深深扎根在每个民族的生活土壤之中，这一点能够帮助学生在阅读中将作品的创作背景与作品本身联系起来。而这些相同点则引导学生发现，神话也是有主题的，就像今天学习的《盘古开天地》，便是属于创世神话，这有助于学生了解一类文本，为读好这一类文本打下基础。】

2. 发现同一，思考母题

"重组建构"广域学习课型的同一性不仅仅是让学生发掘出文本组中的相同点那么简单。这些相同点可能集中在写法，也可能是主题，或者是作者，但背后往往都有深度可挖。比如创作的技法、主题的内涵、作者所处的时代背景，等等。以这些背后的内容为母题，来加深学生阅读的深度，不失为一个好的方向。

就像《盘古开天地》，它作为一则神话，更属于"创世神话"这一大类。联系国外的创世神话，学生们已经发现了它们之间有许多相似的地方，那么便可以借此进行母题的设计，创世神话中的元素均可以拿来使用。

而在处理这一环节的教学过程时，如何给出讨论的素材也需要进行设计。因为长篇的阅读材料已经使用过了，再出示大段大段的文本反而会显得很累赘，可能会打击学生讨论的兴趣。因此使用简短的神话元素来进行呈现，将一定的空间留给学生联系自身的阅读经历，可能效果会更好。

【分析：《盘古开天地》这一课中以"宇宙卵"为母题，这只是可选择的一个方向。如前文所说的创世神话四大元素，均可以作为母题来进行讨论。只要是适应本单元教材要求、对于文本组内文章具有一定高度概括、有相当广域学习空间的母题，都可以用在这个环节，来作为学生课堂讨论的一个主题。】

3. 课外阅读，推广成果

"重组建构"广域学习课型为学生创建了许多自由阅读、自主学习的空间，但这并不意味着这一堂课无法复制、难以推广。我们可以发现，课堂以教材内课文为出发点，经过三个小议题，引到对于母题的讨论，学生的学习是在指导方向下的广域自由。

对于学生而言，这一学习方式的成果也是可以直观感受到、可以推广展示的。在课例的最后环节，通过推荐书目，为学生课后的阅读起了一个头；而对于"创世神话"这一学生刚刚接触到的新鲜概念，对于"宇宙卵"这一刚刚讨论过的新鲜话题，又抛出其他三个与之并重的创世神话元素，怎能不让学生产生兴趣？此时趁热打铁，通过认领主题的分组阅读形式，以小报、文章这样可以各方面推广的方式来进行展示，对于学生熟悉小组共读的广域学习形式有着极大的帮助。

【分析：在学生未来的阅读经历中，老师给予的帮助将会越来越少，更多的还是会像案例中一样，老师给主题，学生个人或分组进行阅读探究，再以论文等形式呈现探究结果。在"重组建构"广域学习型思路下，借鉴这一阅读学习模式，将之简化，以适应小学阶段学生的能力水平。同时通过成果上墙等形式，保持学生对于这一形式的新鲜感。】

策略二：体裁重构，习得表达

虽然统编版小学语文教材对于各类文本都有编选，但是童话、寓言、神话等体裁的文章教材在各册安排并不均匀，当然，这也是出于学生发展特点的考量。但在教学实践中，我们尝试了将统一体裁的文章组合学习，意外地发现效果颇为明显。

1. 重构神话故事，悟写法与愿望

神话故事在统编版小学语文教材四年级上册中有一个呈单元组合的编排，但同时，其他年级教材中也有零散的几篇神话文本。如教学二年级下册的《羿射九日》时，引出《女娲补天》和《精卫填海》这两则神话故事，又会起到怎样的效果呢？

首先，二年级学生在阅读这几则神话故事时必然会着眼于故事的情节上，如后羿竟然弯弓搭箭射下了太阳，如女娲竟然能用石头补天，如女娃溺亡后竟然化作了精卫鸟……依然是寻找神话故事中的"神奇"之处，但目的却不一样。适应二年级学生的阅读水平，探讨的议题可以是——后羿真的蹚过了九十九条大河，翻过了九十九座高山吗？通过这样的小议题，来引出神话中最主要的写作手法——夸张，进而回归文本，探讨神话故事中的夸张手法这一母题。这样由文本中来，再回到文本中去印证，学生对于神话故事的写作手法也会留下一个较为深刻的印象。

其次，这三则神话故事在表达的愿景上都有颇为相似之处。《羿射九日》中，后羿面对危害百姓的太阳射出箭矢；《女娲补天》

中，女娲不顾生命危险，为人类补上了天空中的窟窿；《精卫填海》中，精卫面对淹死自己的东海，愿衔西山木石来填之。几则故事都表达出了希望生活环境变得更好的美好愿望。联系到影响神话形成的因素，这又与先民们希望改造自然的想法有所联系。由此，学生再一次意识到：神话故事的形成、情感的表达都与当时的地域、生活有着密不可分的关系。

【分析：通过对写法和所表达的愿望的了解，学生在读完神话故事后对这一种体裁有了新的认识，也会再次审视自己熟知的神话故事。这一过程即是打开学生阅读新世界的过程。】

2. 重构寓言故事，说写法与寓意

同样的，在统编版小学语文教材三年级下册中，第二单元是一个呈单元编排出现的寓言故事单元。但这一个单元较为特殊，其中的《守株待兔》是一则文言文，《池子与河流》是一首诗歌，比较利于重组建构的就是《陶罐和铁罐》与《鹿角和鹿腿》了。联系课外文本《蚂蚁与屎壳郎》和《芦苇与橡树》，把这些文本重构成一个白话文形式的寓言单元进行教学，让学生进行对比阅读，也能达到颇为不错的效果。

寓言故事阅读记录卡

文本	人物	性格	结局	寓意
《陶罐和铁罐》				
《鹿角和鹿腿》				
《芦苇与橡树》				
《蚂蚁与屎壳郎》				

通过对人物的记录，学生会很明显地发现——这里每一则故事的主人公，都不是人。再让学生说一说，还知道哪些主人公也不是人的寓言故事，比如《乌鸦和狐狸》《寒号鸟》等。由此，学生会自然而然地认为，寓言是以非人的事物、动物作为主角的故事。此时再引导学生联系其他几则寓言故事，如《农夫和冻僵的蛇》《牧人与海》等，引导学生深入思考，寓言故事的写作特点究竟是什么。经过思考、交流，老师最后告诉学生，寓言故事常用拟人化的动植物或其他事物作为主人公，那么学生对寓言这一体裁的写法特点就有了深刻的印象。

"寓意"作为寓言故事特有的重要内容，需要学生读懂，并树立在读寓言故事时思考其寓意的意识。通过这样的对比阅读、填写阅读记录卡，并给出交流寓意的时间，学生对于寓言这一体裁中"寓意"的认识会更为深刻。这就使得孩子们在之后读到寓言故事时，不用老师提醒，就会主动地去思考故事告诉人们什么道理。

【分析：不同体裁的文本有其独特的文学要素，比如神话表达的美好愿望、寓言传递的深刻道理。在教学这些内容的过程中，实则是在给学生树立体裁意识，针对不同体裁，寻找不同主题。】

3. 重构童话故事，感想象与品质

　　童话，作为儿童最爱读也最常读的文学体裁之一，在人类文学发展史上有着极其悠久的历史。值得思考的是，统编版小学语文教材不仅仅在低段选编了童话，到了六年级依然有童话选文（如《骑鹅旅行记》节选），可以说，对童话的阅读贯穿了学生整整六年的小学课内阅读。但同时，这些童话故事大多都是单独选编进某个单元中，组合成完整童话单元的故事并不是太多。对于这样的童话故事，我们也进行了重组建构，让它与课外孩子们熟悉的童话故事"交朋友"，建构一个新的"童话单元"。

　　以《雪孩子》为例，这个故事讲述了雪孩子为救小伙伴小白兔牺牲自己的故事。故事中有着奇妙的想象，以动物为主角，而雪孩子竟然能说会动，体会童话丰富的想象有助于低段的学生了解这类故事的特点。而像这样既有着张扬的想象，又表达善良品质的童话故事非常多，比如《美女与野兽》《海的女儿》等。将这些童话故事进行整合，有助于学生树立对童话故事的认知，为之后进行童话单元的学习做好铺垫。

【分析：童话作为儿童接触最多的故事类型，其对于孩子丰富自身想象、树立善恶观念有着非常重要的作用。面对低年级学生，通过引导学生发现童话的写作特点，有利于学生在平时的习作中学习模仿读过的童话故事。更重要的是，借助文本重组建构，让学生发现童话对于美好事物、美好品质的称赞。这样深度的阅读，对于正在形成自我意识的二年级学生来说有着价值导向的重要作用。】

策略三：作家重构，品味风格

统编版小学语文教材选取了太多古今中外的名家名篇，不少作家的作品在不同年级、不同学期的教材中多次出现，甚至有一些仅以一位作家作品编排而成的单元。在同一作家的不同作品中，我们能找到作家的表达特点、写作风格、情感倾向的共同点，这对于我们重构作家的作品进行教学，来引导学生品味该作家的写作风格、读懂该作家的作品，有着极大的帮助。

1. 重构人物文章，感受写人文章的风格

以冯骥才作品为例。在统编版小学语文教材五年级下册第五单元中，选编了冯骥才的作品《刷子李》。同时，本单元以"学习描写人物的基本方法"为语文要素，《刷子李》通过正面描写、侧面描写、设置悬念等方法写出了手艺神乎其技的刷子李，既生动，又有趣。

《刷子李》选自冯骥才的《俗世奇人》，书中介绍了许多当时天津卫的能人异士。在本节课中，我们不妨重组建构冯骥才先生，将《刷子李》与《俗世奇人》再度联系起来，拓展阅读书中的《苏七块》《泥人张》和《张大力》，将这些文章重构为"冯骥才单元"，进行对比阅读。

冯骥才单元阅读记录卡

文本	人物	如何描写人物	我最喜欢的情节
《刷子李》			
《泥人张》			
《苏七块》			
《张大力》			

通过对比阅读，引导学生感受这些能人身上的品质，引导学生思考，文章哪些情节运用了"一波三折"的写法。以重构作家、对比阅读的方式，感受怎么把一个个"俗世奇人"给写活。之后再进行练笔，让学生模仿文本写写身边有特点的人，将对这一写法的认识落到实处。

【分析：作家通过课文传递给我们的写作方法、表达特点，是学生习作模仿的鲜明例子，学以致用则是阅读通向写作的一条捷径。通过重构《俗世奇人》，将冯骥才先生笔下诸多写人的优秀案例呈现给学生进行广域学习，继而以对比阅读的方式去发现、交流，有利于达到本单元的目标，更有利于学生读懂写人一类的文本、感受冯骥才先生的写作风格。】

2. 重构动物故事，发现动物故事的特色

在统编版小学语文教材中，动物故事占了相当的比重。在教学这类故事时，可以联系课外的文本来帮助学生理解动物故事的特色。有"动物小说大王"之称的沈石溪先生的诸多作品就是很优秀的素材。

例如，在教学《带刺的朋友》这一课时，可以引导学生通过捕捉刺猬的动作，来感受小刺猬在这一篇课文中的角色形象，说说学生眼里这是一只怎样的刺猬。之后，介绍推出沈石溪一整套的动物小说，重点联系其中的几篇故事，如《最后一头战象》《鸟奴》等，对比阅读发现这些动物故事有什么共同点。

通过学生的对比阅读、交流分享，将学生的视角引导到那些被人格化了的动物身上，并对比以动物为主角的童话故事，以此引导学生发现动物故事与童话故事的不同，体会动物故事那人格化了的动物形象依旧具有动物本身习性的微妙特点。

【分析：动物故事与童话故事读起来很接近，但其区别在细致阅读后学生完全能够发现、总结。以此为母题进行探究，需要牵扯出不少文本进行阅读，也需要学生合作探究两者直接的区别，这是一个非常值得学生讨论的母题。通过一位作家，引出一类文本，探究一个问题，"重组建构"广域学习型的学教目标也便达成了。】

3. 重构"鲁迅单元"，体会创作背景的影响

关于鲁迅先生，前些年有过不少争议。有说他的文章不适合放入教材的；有说作为"民族魂"，学生们是一定要读一读、学一学他的作品的……不论意见如何，统编版小学语文教材在六年级上册中专门把第八单元留给鲁迅，足见国家对于鲁迅先生的重视。

虽然把鲁迅先生的文章编入了教材，"怎么教"却是个值得教师们深思的问题。众所周知，鲁迅先生的作品因其时代影响，语言难读；对小学生而言，这样有深度的作品，内涵难懂；要在语言上花不少工夫，又要引导学生读懂文章，课堂难教。回过头来，先研究鲁迅先生创作这些作品的时代背景，想一想他为什么写这些文章，为学生指定好课堂的母题之后再来对本单元的文本进行重组建构，是不是能通过广域学习来让学生读懂鲁迅先生呢？

如教学鲁迅先生的《好的故事》。这篇文章内容零碎，但抓

住文章的创作时间，联系当时混乱、压迫的社会背景，再通过课后"阅读链接"中的文本，可以帮助我们引出多条线索："梦境与现实""美好与黑暗""希望与绝望"……看似毫不相干，其实就是鲁迅先生对于理想社会与现实生活的描写。以此设定母题，引导学生读课文、读阅读链接，通过拆开文本，再以母题把有助于理解的文本串联起来，让学生读懂鲁迅先生作品中不变的主题：对黑暗现实的抨击、对美好生活的向往。

【分析：抓住文本中需要重点理解的内容来帮助自己读懂文章，这是一种颇有难度的阅读方法。在阅读《好的故事》这样有一定深度的作品时，需要学生跟着老师把文章揉碎，再以广域学习的母题把有助于理解的内容串联起来。这既是帮助学生读懂课文，完成教学目标，更是引导学生体验阅读方法，在下一次面对这样难懂的文本组时，能够有自己的一套方法。】

第三章　"故事点播"项目学习型

第一节　"故事点播"项目学习型的课型特征

项目式学习，已经在国外的中小学甚至大学本科、研究生教育中广泛开展应用。国外的各类对项目式学习的案例和研究表明，项目式学习在学生学业成绩、问题解决能力、学生课堂参与度、学习兴趣及合作和解决冲突的技能等方面都有很大的促进作用。"项目式学习"，就是以建构主义理论为指导，以小组合作方式进行规划和解决项目任务的学习方式。在项目式学习中，学生致力于问题的探究，完成学习日志，通过使用评价量规和检查清单等多种形式来指导自己的学习，进行自我评价。与常规教学相比，项目式学习强调学生的自我导向学习能力，倡导学生和教师共同做出决策，注重学生过程技能和核心素养的培养。这一切特点与优势都适应我国目前对于小学语文教学目标的要求。可以说，项目式学习必将成为学生课内外学习的一个重要形式。

因此，结合统编版小学语文教材，针对儿童故事的项目式学习模式，笔者提出"故事点播"项目学习课型。所谓"故事点播"的项目式学习课型，是指依托课内外阅读教学，通过阅读，教授学生阅读方法，进行阅读迁移，通过听故事、讲故事、写故事、演故事等多种形式，使学生达到对故事"学生点教师播，学生点学生播，教师点学生播"的熟悉程度，进而掌握阅读方法、运用方法。在这样的项目式学习模式下，"故事点播"项目学习课型有着以下三大特征。

一、实践性

《义务教育语文课程标准（2011年）》中明确点出："语文课程是一门学习语言文字运用的综合性、实践性课程。""故事点播"项目学习课型的设计思路之中，不论是学生在课内外进行的阅读，还是"故事点播"中的听故事、讲故事、写故事、演故事等形式，都重在引导学生进行体验与实践。学生参与"故事点播"这一新颖、容易吸引学生的活动的过程，实质上也是教师带领学生进行阅读实践、说话实践、写作实践、表演实践的过程。在这一过程中，学生收获的体验与传统的听说故事有着明显的区别，使得学生对于这样的项目式学习有着更浓厚的兴趣，更利于学生在实践中收获阅读方法并进行运用。让孩子在课内习得方法，到课后综合运用，"故事点播"项目学习课型注重实践能力，意在提高学生对各项阅读能力的综合运用。

二、操作性

课内外的阅读活动是一种对场地、时间等硬条件几乎没有要求的学习活动，在此基础上的听故事、讲故事、写故事、演故事等每个项目都很容易进行操作，只需要教师根据所读的文本或者班级内的学习情况进行"因文制宜"或"因班制宜"即可。以上这些活动的开展所受限制相当少，因此极易复制、操作。同时，对于学习活动的成果需要一定的评价，因此每个项目可以辅以对应的评价表，既有老师评，也有学生自评、互评，以此来对学生的综合实践、阅读能力进行评价、估量。教师易操作、学生能组织、自主的学习活动使学生能熟悉故事内容、掌握阅读方法。评价表也使学生的项目式学习过程有迹可循，更是为学生自主开展项目式学习提供了一个方向。

三、独立性

在"故事点播"项目式学习课型中，听故事、讲故事、写故事、演故事等各个项目并不是递进式的，而是可以根据文本、教学目标的需要，自主进行选择。每个活动项目之间相对独立，可以在写故事之后进行说故事，再通过演故事的形式实现"故事点播"；也可以分组开展，一组写故事，一组说故事，一组演故事，再通过汇报等形式，给予学生表现的舞台，并借助不同的表现形式促进各个组对于故事的理解。因此，"故事点播"项目式学习课型中的实践活动都具有一定独立性，每个项目相对独立，可以互相促进，既能以独立的单位进行学习，又可以以组合的方式一起推进。

综上所述，"故事点播"项目学习课型是一种重实践、易操作、能独立的学习课型。对于已经掌握一定阅读方法、拥有一定自主学习能力的学生而言，它能够通过项目式学习这一优秀的形式，借助"故事点播"这样有趣的活动载体，帮助学生熟悉故事、理解故事，进而在阅读中逐步掌握阅读方法、运用方法。

因为"故事点播"项目学习课型有着自身的"独立性"，因此在操作流程上更倾向于块状。教师可以根据文本特点、自身需要，自主进行流程架构。但都离不开"提取信息""感知写法""触类旁通""迁移创作"这四大流程，同时，"故事点播"项目学习课型必然会以"提升能力，指向运用"作为最终的流程导向。

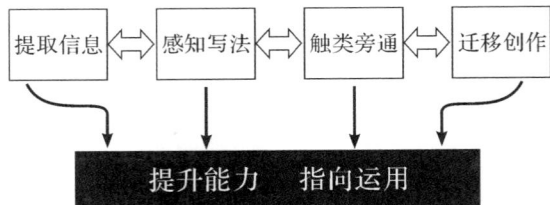

```
提取信息 ⟷ 感知写法 ⟷ 触类旁通 ⟷ 迁移创作
              ↓      ↓      ↓      ↓
          提升能力    指向运用
```

"故事点播"项目学习课型操作流程图

1. 提取信息。信息的提取能力是阅读能力中重要的一环。在"故事点播"项目学习课型中，学生需要对故事进行演绎，若没有信息的提取，那么说、写、演的故事将会变得没有重点、逻辑不通。学生想要进行故事的演绎，隐藏的要求就是对故事内的信息进行提取，删去无用的信息，留下有用的信息。借对故事的演绎，来让学生进行提取，比直接指令式地让学生去根据要求读文章更容易让学生参与进来。这样进行操作，学生出于参与活动的心理，潜移默化地就进行了对提取信息能力的训练。

2. 感知写法。对文本的写法教学是语文教学的重要部分之一，但各类写法的这一条"线"，若直接告知学生，显得太过随意；让学生通过阅读去提炼出来，又会因为难度较大而不见得每个学生都能做到。在"故事点播"项目学习课型中，借助学生对故事进行的说、写、演的演绎，这一过程便已经是对文本的删繁就简。以留下来的文本量去感知故事的写法，自然比通过原文字数更多的文本来抓故事写法要简单得多。同时，因为进行演绎的是学生，给出新的文本的也是学生，这种抓住主要内容来体会文章写法的阅读方法只需要教师再稍加强化即可，不用再进行训练，反过来又为学生阅读、演绎故事留出了课堂时间。

3. 触类旁通。听故事、讲故事、写故事、演故事，活动形式虽然多样，但在课堂上没有那么充裕的时间让学生逐个体验各类活动，往往只能择其中一两种进行实践。但这并不意味着只实践了"讲故事"，学生就不会"演故事"了。就如前文所述，"故事点播"项目式学习课型中的诸多活动环节是相互独立的，也是相互有联系的。通过阅读，学生理解了故事内容；通过实践，学生掌握了阅读方法。那么往往通过这一项实践，辅以老师的稍加点拨总结，学生便能够触类旁通，在下一次项目式学习时运用上其他的实践方式。

4. 迁移创作。孩子的想象力是最丰富的，尤其面对喜爱的故事，他们往往对情节的发展、内涵的表达有着自己的理解与想象。给学生一个平台，或是根据项目式学习中收获的阅读方法来迁移阅读其他文本，进行交流；或是根据项目式学习中感受到的作者写法来进行迁移创作，改写、续写故事，都是一种对于阅读能力、阅读方法的检验。同时，辅以评价单，使得创作有方向，并通过自评、互评等多种形式，起到鼓励学生的效果。

5. 提升能力，指向运用。不论以何种形式作为"故事点播"项目学习课型的重点，各类操作流程终究是以"提升能力，指向运用"为设计导向。"提取信息"提升学生信息提取能力，以阅读的文本提供实践的机会；"感知写法"提升学生对重点把握的能力，以故事的交流演绎为运用的平台；"触类旁通"提升学生语言感知的能力，通过各种演绎形式，促进学生对听、说、读、写、演的转化；"迁移创作"提升学生自主创作能力，以表演或文字为载体，给予学生展示自己的舞台。在设计"故事点播"项目学习课型的环节时，便要以"提升能力，指向运用"作为设计导向，多给学生阅读和实践的机会。

根据文本、学教目标的不同，有目的地设计实践环节，以阅读为基础，开展各类有助于提升学生阅读和实践能力的项目式学习活动，给予学生二次创作展示的舞台。这就是"故事点播"项目学习课型以"提升能力，指向运用"为设计导向的操作流程。

第二节　"故事点播"项目学习型的课例研究

一、教材分析

《三打白骨精》这个学生耳熟能详的故事出自我国四大名著之一的《西游记》，原为第二十七回"尸魔三戏唐三藏，圣僧恨逐美猴王"。作为一则课外文本，它也有属于自己的定位。结合统编版小学教材五年级下册的名著故事单元，我们可以明白，目前统编版教材对于四大名著的定位就是高年级读物，因此，相关文本的教学也应联系该单元及高年级学生的水平。该单元的语文要素是"初步学习阅读古典名著的方法"，这一点也适合本篇文本在"故事点播"项目学习课型操作下的教学。但像这样的经典故事，情节吸引学生之余，引领学生去读懂故事的内涵，借此掌握阅读方法却有一定的难度。经过研读故事后，我们不难发现，本篇故事主要围绕孙悟空、唐僧、白骨精"三"个主要人物展开叙述；情节上是白骨精先变成年轻村姑，又变成八旬老妇，最后变成老公公，这样"三"次变身，孙悟空面对伪装后的妖精"三"次怒打，因而被唐僧"三"次责罚。那么，可以借这个"三"为切入口，以"三"理顺情节，帮助学生明确故事内容；以"三"感悟写法，帮助学生体会人物性格；以"三"创编故事，指导学生进行迁移创作。那么，阅读的文本、采用的实践环节便可确定下来，项目式学习的基本框架基本搭建完成。

二、学情分析

《西游记》作为一部神魔小说，字里行间满是作者吴承恩天马行空的奇妙想象。这样富有想象力的文字，对小学阶段学生的吸引力是极其大的。因此，可以说四大名著中学生最感兴趣的便是这一部《西游记》。加上《西游记》电视剧的经久不衰，全书中最经典的故事之一《三打白骨精》对学生而言早已经是倒背如流，在梳理故事内容上只需要搭建简单的阶梯，学生都能较为顺利地明确下来。同时，因为学生对《西游记》的熟悉，所以学生对孙悟空、唐僧等人物形象都有自己的认知。因此在人物形象的认识上，主要还是指导学生根据文本进行人物形象的小结。而故事的迁移创编将是本课的难点。创编的前提即是需要学生对于《三打白骨精》这个故事有一个精神内涵上的认识，借由故事情节、创作写法体会故事的内涵，再进行实践创编。这一环节需要在落实故事内容、人物形象的基础上才能顺利开展。

三、设计理念

要在课堂上学一篇早就耳熟能详的故事，说实话学生并不会有太多的兴趣。那么，如何尽快激发学生的兴趣，使他们走进《三打白骨精》的故事中来便非常重要了。"故事点播"项目学习型的实践活动十分丰富，但都需要一定的阅读基础才能展开。因此，借助多媒体等有声有色的形式来抓住学生的眼球就十分必要了。通过歌曲、图片、视频片段等形式，让学生猜名著、猜故事，在课堂一开始便把气氛炒热，之后再开展阅读，借助文本中十分重要的"三"字，以不同的视角带着学生去读这个故事，使学生持续抱有兴趣，进而开展项目式学习，引出更有深度的问题，进行创编故事的活动，就会事半功倍了。

四、学教目标

1. 明确《三打白骨精》的故事内容，体会人物性格。

2. 抓住"三"感悟故事的写法，初步学习阅读古典名著的方法。

3. 感受故事的精神内涵，能够说说通过这个故事学到了什么。

4. 尝试用《三打白骨精》的写法，改编《西游记》中自己喜欢的故事。

五、学教板块

第一板块：抓"三"理情节，明朗故事内容

1. 竞猜情节，说明理由

教师出示三张《西游记》中经典情节的图片，让学生猜一猜这些图片分别是哪个情节。猜对的同学大致说一说这一情节发生了什么事。学生描述完故事内容后，小结这些情节都出自我国古典名著《西游记》，简单介绍《西游记》。

2. 观看视频，聚焦要素

（1）根据图片引出本节课学习的文本《三打白骨精》，欣赏电视剧对应的内容片段。请学生说说看完视频后哪个角色令自己印象最深。

（2）请学生回顾除了"人物"，小说中还有哪些要素，文本中又有哪些具体描写。

《三打白骨精》

小说三要素 ┬ 人物：师徒四人、白骨精
　　　　　　├ 情节：（　　　）—（　　　）—（　　　）—（　　　）
　　　　　　└ 环境：山势险峻、峰岩重叠

【设计思路：体裁意识对于打开儿童阅读视角具有很大的促进作用，在教学中不应丢弃对学生体裁意识的培养。因此在这里设置了小说三要素的呈现，并借此聚焦"情节"，引导学生梳理、

明确故事内容。】

3. 借助填空，借"三"梳理

（1）小说有三要素，这篇《三打白骨精》中也有一个数字值得关注，那就是这个"三"。引导学生借助文段来概括文本中发生了哪些"三"。

（2）出示填空文段，学生再读《三打白骨精》，尝试填空。

白骨精为了吃唐僧肉，先变成（　　　），又变成（　　　），最后变成（　　　），但是都被孙悟空识破，孙悟空（　　　）次怒打白骨精，前（　　　）次都被白骨精逃脱，第（　　　）次终于被孙悟空一棒打死。

（3）学生交流填空，再尝试用"三"来概括故事内容。

（4）再出示填空句子，对故事内容做总结。

《三打白骨精》围绕四个"三"来叙述情节，分别是白骨精三（　　　），被孙悟空三（　　　）后又三（　　　），最后被唐僧三（　　　）。

（5）回归小说三要素，呈现故事框架。

《三打白骨精》

小说三要素┬人物：师徒四人、白骨精
　　　　　├情节：（三变）—（三识）—（三打）—（三责）
　　　　　└环境：山势险峻、峰岩重叠

（6）学生尝试借助框架，简单地讲一讲这个故事。

【设计思路：依托小说三要素，自然而然地将学生的阅读重点转移到了"情节"这一要素上，并通过文段填空的形式将文本进行删繁就简，聚焦于"三"。这一过程，其实就是在让学生体验通过概括快速把握文章大意的阅读方法。之后依托三要素作为支架，请学生讲一讲这个故事，既是对熟悉文本的要求，也是对"讲故事"的实践。】

第二板块：抓"三"悟写法，体会人物性格
1. 追溯"三变"，感受白骨精的性格
（1）再读文本，找出白骨精三次变化的句子读一读。

白骨精不胜欢喜，自言自语道："造化……说是特地来请他们用斋的。"
山坡上闪出一个……哭着走来。
白骨精不甘心就这样让唐僧……找他的妻子和女儿。

（2）请学生读读这些句子，说说感受到了什么。（白骨精的贪婪、狡猾）
2. 追溯"三打"，感受孙悟空的性格

（1）快速阅读文本，找出孙悟空三次怒打白骨精的句子，然后读一读。

正在这时，悟空从南山摘桃回来，睁开火眼金睛一看，认出村姑是个妖精，举起金箍棒当头就打。说着，就朝妖精劈脸一棒。

悟空见又是那妖精变的，也不说话，当头就是一棒。

悟空把金箍棒藏在身边，走上前迎着妖精，笑道："你瞒得了别人，瞒不过我！我认得你这个妖精。"悟空抽出金箍棒，怕师傅念咒语，没有立刻动手，暗中叫来众神，吩咐道："这妖精三番两次来蒙骗我师傅，这一次定要打死它。你们在半空中作证。"悟空抡起金箍棒，一棒打死了妖精。

（2）学生齐读这三处内容，说说感受到了什么。（孙悟空的勇敢、坚定）

3. 其实，不仅从课文中三变、三打的过程中能感受到白骨精的狡猾，文中还有两处比较明显的地方也能看出来。请生快速读文，找出相关内容

（1）学生交流，出示句子。

白骨精扔下……

白骨精见棍棒落下，又用法术脱了身，丢了……

（2）着重体会"扔、丢"两词，体会白骨精逃跑得非常快，还故意留下假象，欺骗唐僧，体现其狡猾。

4. 追溯三次责怪，感受唐僧的性格特征

（1）默读文本，找出唐僧三次责怪孙悟空的句子，进行分享。

唐僧责怪悟空无故伤人性命……这才相信那村姑是妖怪。

唐僧一见，惊得从马上摔了下来，坐在地上，不由分说，一口气念了二十遍紧箍咒。

你无心向善，有意作恶，你去吧！

（2）老师读这三个句子，请学生说说感受到了什么。（唐僧的善良、愚钝）

5. 小结写法

作者通过对人物的语言、动作等细节描写，体现出人物的性格。

【设计思路：通过课文梳理，学生对于情节已经有了一个比较清晰的认识。尤其借助"三"来概括情节，正好把故事分成了白骨精"三变"、孙悟空"三打"、唐僧"三责"三个部分。通过这三个部分，学生可以有的放矢，迅速聚焦对应的文段。这就是根据阅读目的确定阅读内容的阅读方法。】

6. 围绕三变、三打、三责，体会写法，思考为什么不用一打、二打、四打、五打呢？

（1）体味白骨精的三变。

从"三打白骨精"这个题目上看，文章的重点一定是围绕着某个字来写的——打。所以"打"应该是这篇课文的主要线索，除此之外文章还有一条辅线，那就是围绕着白骨精的"变"来写的。实际上孙悟空的"打"和白骨精的"变"是不可分开的。引导学生对白骨精的"三变"进行讨论，体味这"三变"的用意和意义。

一变美貌村姑：用意何在？（吃唐僧肉）学生再读文本中对于第一变的描写，小组交流以下三个问题：有什么感受？真的美吗？这种美后藏着什么？

二变八旬老妇：意在何为？（吃唐僧肉）学生再读文本中对于第二变的描写，小组交流以下两个问题：她真的在哭吗？这哭里又藏着什么啊？

三变白发老者：有何居心？（还是吃唐僧肉）学生再读文本中对于第三变的描写，小组交流以下两个问题：白骨精为什么这么变化？这样变化为什么没有使除了悟空之外的唐僧等人起疑？

教师小结：白骨精为达目的不择手段，一变村姑美人计，二变老妇苦肉计，三变老者离间计。可谓一计不成，又生一计，但同时变化的目标很有逻辑性，这就是作者的写法之一——逻辑紧密。同时，这么多次变化，害人之心不灭，可以说白骨精是有意作恶，变一次就得打一次，变两次就得打两次，变三次就得打三次，要把这恶给打死，这也是作者体现故事冲突的方法——正邪对立。

（2）体味孙悟空的三打。

学生快速寻找描写孙悟空三次打的句子，尽量简短地进行概括。

打村姑：劈脸一棒。

打老妇人：当头一棒。

打老公公：抡起金箍棒，一棒打死。

学生讨论交流：为什么同样是棒打，却写得不一样？

①避免写法上的单调和重复。

②打村姑时是孙悟空刚回来，来不及多想，所以就劈脸一棒；打老妇人时，因为老妇人个子较矮，所以是当头一棒；而打老公公时孙悟空已有了前两次的经验，决心一棒打死，所以就抡起一棒。可见作者在写作时对于故事细节的把握。

【设计思路：在《西游记》中，有多个与"三"有关的情节，如"三打白骨精""三调芭蕉扇"，甚至其他名著中也有与"三"有关的情节，如"三顾茅庐""三气周瑜""三打祝家庄"等，这与中国的传统文化有一定联系。但在写作手法上，确实也暗合了"事不过三"这个说法：次数少了，显不出事件之难；次数多了，又容易引起读者的审美疲劳。通过研读文本、讨论交流，使学生

对于这样的写作方法产生印象，为之后的故事创编打下基础。】

第三板块：抓"三"编故事，进行迁移创作

1. 交流故事，分享体会

学生讨论交流，从孙悟空的"三打"和唐僧的"三责"中，你学到了什么？

2. 回顾名著，改编故事

（1）总结《三打白骨精》的写法。以细节描写体现人物性格，围绕"三"展开故事情节。

（2）回顾《西游记》，请学生说说书中自己喜欢的一到两个故事，尝试用《三打白骨精》的写法，改编自己喜欢的故事。下发评价单，完成自评。

《西游记》故事改编评价单

标准（每项满分 10 分）	自评	互评
1. 故事生动有趣。		
2. 能用细节描写体现人物性格。		
3. 能围绕某个关键词展开故事情节。		

（3）分享交流自己改编的故事，完成互评。

（4）誊抄故事，张贴上墙。

【设计思路：《西游记》中有着太多让人印象深刻的故事情节了，这也是这部名著如此受孩子欢迎的原因。学习了《三打白骨精》之后，学生完全可以运用写法，对自己喜欢的故事情节进行二次创编。如果如来三次才降服孙悟空，这之间会发生些什么？若是悟空三次下龙宫才拿到金箍棒，前两次又会怎么挑选兵器呢？林林总总可以进行创编的点非常多，给学生的空间也是很大的。】

六、学教板书

三打白骨精

孙悟空

三打　　　　　　三责

三变

白骨精 ⟶ 唐僧

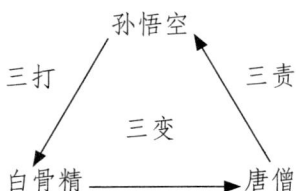

细节描写出人物
事不过三引读者

七、主要特色

本节"故事点播"项目学习型课堂设计以我国经典名著故事

《三打白骨精》为例。《三打白骨精》是学生耳熟能详的一个故事，它选自我国著名古典小说《西游记》，文本通过写孙悟空三次怒打白骨精的故事，表现了孙悟空机智、勇敢、坚定不移、本领高强的特点。课文故事性强，学生乐学。

在教学时着重抓住"三变""三打""三责"展开。通过让学生阅读文本，了解小说要素，概括故事主要内容，重点通过和原文比较品析"三变"，从而感受白骨精的"诡计多端""阴险狡诈"、孙悟空的"勇敢""坚定"以及唐僧的"善良""愚钝"。从通读文本到聚焦情节"三"，从体悟人物性格到发现作者写法，从阅读故事到改编故事，学习的角度、实践形式与平时的课堂有所不同，学生学习时兴趣盎然。

1. 从通读文本到聚焦情节"三"，删繁就简抓主线。《三打白骨精》作为一篇有一定文本量的文章，学生在提炼主线、概括文本内容的时候一定会遇到无处下手的情况。在本则教学案例中，通过小说的三要素引导学生将阅读注意力转向故事情节，再借助填空式的文段引导学生发现故事中三个主要人物都有"三"次相同的行动。借此提炼出"三"这个线索，帮助学生理出白骨精的"三变"、孙悟空的"三打"和唐僧的"三责"。如此一来，主线就显得非常清晰，对了解故事主要内容没有帮助的文段也就删去了。再通过小说的三要素让学生讲这个故事，自然能够做到明确故事的主要内容。

2. 从体悟人物性格到发现作者写法，追本溯源学方法。其实，第一遍读完文本就让学生说人物性格，也会有相当一部分同学能够说出来，但这靠的是学生的语感。要是让他们说说到底是为什么会这么认为，很多学生会找不到根据。在本节"故事点播"项目学习型课堂案例中，教师"点"故事中人物的相关内容，学生通过阅读找到文本"播"出来，让学生发现，原来体现人物性格就是通过这些细节的描写。那么，学生再去读古典名著，就会观察张飞说话的语气、王熙凤的动作、吴用的神态，去实践阅读古典名著的方法；同时，在之后的改编故事中也有了立足点，为迁移创作的"写故事"实践活动打下了基础。

3. 从阅读故事到改编故事，亲身参与重实践。长久以来，学生在课堂上更多的是一个故事的倾听者、阅读者，即使有对故事的写作，也多是续写。而这一次给学生一个机会，彻底改写四大名著中《西游记》的某个情节，这对于学生而言是破天荒的头一遭。大部分学生都是兴趣十足，写出来的作品也颇有意思。在这一"写故事"的创作环节中，给足了学生创作的空间，并通过评价单的评价形式，让学生自主评价、互相评价，提供了学生提升写作能力、审美水平、评价能力的实践途径。

第三节　"故事点播"项目学习型的操作策略

　　近些年，在各类教研活动中越来越常听到这样一句话："所谓教材，不过是例子。"的确，统编版小学语文教材选编各类文本，都是以一定的单元要素来进行整合，单元中的各课完成一个个小的课后习题，以此来达成单元整体的学习目标。通过一组组小的实践来达成整体的学习目标，这样的模式与"故事点播"项目学习课型非常相似。通过教学实践，我们总结出了多种"故事点播"项目学习课型的学教策略。例如，小组开展阅读；进行听故事、说故事、写故事、讲故事的实践学习；辅以评价单，帮助学生进行自我检测……由此通过各种各样的实践活动，实现实践活动积极开展、学教活动易于操作、操作环节独立并进，来使学生熟悉儿童故事，进而习得阅读方法、运用阅读方法。

策略一：抓住典型，选好点

　　统编版小学语文教材中的任何一篇文章，都是按照一定的结构方式表达主题的。在教学中，老师们可以让孩子在自主阅读的实践过程中，自主去探究发现故事典型的表达方式和典型的结构段式，并在此基础上对所得成果进行归类比较。通过"求同"与"比异"，寻找文本的"点"，以这样的"点"，悟文本的写法，为后续的创作打下一个坚实的基础。例如，《人物描写一组》，便是非常适合以此学教策略开展"故事点播"项目学习型课堂的一课。

《人物描写一组》的语文要素便是"学习描写人物的基本方法",将《摔跤》(选自《小兵张嘎》)《他像一棵挺脱的树》(选自《骆驼祥子》)和《两茎灯草》(选自《儒林外史》)选编在一起。通过对小嘎子和小胖墩的动作描写,体现出小嘎子机灵勇敢的性格;借对祥子的外貌描写,塑造老实健壮的祥子;以对严监生的动作描写,写出了吝啬的严监生。三则文本都可以说是所用描写方法的典型案例,同时彼此之间互相独立,又通过组合让学生学习到可用于描写人物的语言、动作、神态等描写方法,是一组设计非常巧妙的文本组。在教学中,通过"故事点播"项目学习课型的学教策略,可以将这一组文本设计为学生自主进行项目式学习的绝佳素材。

1. 阅读实践,归类比较

如前文所述,面对整组文本的阅读,最简便有效的阅读方法便是"对比阅读"。当然,根据学教目标的不同,对比阅读的要求也会发生改变。如在《人物描写一组》中,我们的目标是使学生掌握描写人物的基本方法,那么在阅读记录卡的设计上,对于这一点的引领梯度和方向指引就需要有所体现,需要考虑把要记录的条目进行逐层深入的设计,并最终指向对文本描写方法的思考。

《人物描写一组》阅读记录卡

文本	主要人物	人物形象	我的判断依据	对主要人物所用的描写方法
《摔跤》				
《他像一棵挺脱的树》				
《两茎灯草》				

像阅读记录卡这样清楚明了的形式，能够帮助学生快速理清文本组中的"同"与"异"。如这三则文本都是写人的文章，但体现的人物形象不同，所用的描写方法也不同。通过比较不同文本，发现不同点，更能使得文本组中相同的"点"——描写人物的基本方法变得更加突出。通过"求同"和"比异"，引导学生将阅读的注意力转移到文本内相同的"点"上（如前文案例《三打白骨精》中的"三"），继而以此来带出文章的写法。

【分析："对比阅读"作为儿童阅读故事类文本的重要方法，其运用空间是非常广阔的。尤其在统编版小学语文教材中，成组出现的文本越来越多（如在每一册中高段教材中必定出现的"习作案例"）。同时，在阅读实践活动中，对比阅读也是一种学生容易开展、教师容易检测成果的阅读方法。因此，以这一种阅读方法开展阅读实践，对于学生求同比异、发掘文本中的"点"，是非常有帮助的。】

2. 简化活动，易于操作

"故事点播"项目学习课型的易于操作不仅仅是对于教师而言，对课堂上的每一位同学来说也是如此。在自主阅读文本的过程中，教师组织的除了阅读实践之外，也有讨论、交流、问答等学生非常熟悉的学教形式。对于学生而言，一种熟悉的学习形式能够帮助他们快速进入参与学习的状态。更重要的是，"故事点播"项目学习课型重视学生的自主学习、评价，以评价单这样一目了然的评价形式，促进学生间的相互学习借鉴，更推动学生对于自身的思考。

《人物描写一组》阅读实践评价单

标准（每项满分 10 分）	自评	互评
1. 对文本所用人物描写方法的判断能有依据。		
2. 小组学习交流时能切实参与，组内交流愿意发表自己的意见。		
3. 能够根据组内同学的想法，修改自己的记录卡，学习其他同学的阅读方法。		

以阅读记录卡指导学生自主学习的内容，以实践评价单反馈学生学习的情况，清楚而明了，也方便学生课后整理所得。

【分析：以小组形式，学生展开自主学习，是项目式学习中必然会采用的形式。但自主学习的不可控往往是令老师为难的点。每一次的自主学习，一定有认真讨论交流的学生，也有偷懒不好好讨论的同学，教师往往很难把握阅读的效果。可在"故事点播"项目学习课型中，通过阅读记录卡、阅读实践评价单的形式，学生的实践参与是否有效便能够比较直观地进行把控了。】

3. 听说演写，齐头并进

在"故事点播"项目学习课型中，针对学习文本的故事特性，主要采用听故事、讲故事、写故事、演故事的实践形式来帮助学生熟悉故事内容、掌握新知并进行运用。同时，四大实践模式又因其独立性，要求教师进行精心设计，以求达到"1+1 > 2"的理想效果。

例如，在《人物描写一组》的教学中，可以在小组项目学习中对三则文本进行分类的实践。如两人一组，抓住人物动作演一演《摔跤》；二次创编，改写《他像一棵挺脱的树》；模仿说书先生，讲一讲《两茎灯草》的故事。再进行一次"汇报演出"，学生对于不同描写方法的表达效果就会有一个较深刻的印象。

【分析：接受任务，需要用熟悉的方式；而像表演、讲故事这样的实践活动，则需要多为学生营造一些"新鲜感"。根据不同的文本，安排不同的迁移创作、实践活动，每个学生体验到的内容都是不一样的，对上台展示的同学也会有期待感，更容易激发学生的兴趣。】

策略二：寻找素材，铺好面

通过对比阅读，我们引领学生找到了阅读文本的"点"，那么如何让孩子学会触类旁通呢？我们可以采用从"一篇"到"多篇"、从"一本"到"多本"的拓展式阅读，可以采用从"课内"到"课外"、从"选文"到"原文"的链接式阅读，以提供阅读素材的方式，为学生带来大量的信息，帮助孩子打开阅读的思维，提炼学习成果，使之成为写作的素材。

例如在前文的经典故事《三打白骨精》教学案例中，我们把文本和原著进行了对比阅读，这样能够更好地引领学生了解人物的性格、感受作品的写法。在本案例中，学生抓住"三"，提炼出白骨精的"三变"、孙悟空的"三打"、唐僧的"三责"，并依托这些"三"感受人物性格，聚焦这个"三"领会文本写法。并由《三打白骨精》切入原著《西游记》，从中选取素材，更好地为自身的创编实践做铺垫。

1. 阅读实践，聚焦要素

在本案例中，初次阅读文本《三打白骨精》的学生大多会将注意力集中在一波三折的故事情节上，而忽略了其他元素。这既是好事也是坏事。坏处在于学生的阅读注意力过于偏颇，对于其他元素的关注不足，这样的阅读很难让学生发现文本的写法；好处则是关注情节对于理解文本、体会人物形象有着极大的作用。考虑到这一点，案例中通过小说三要素的线索，培养学生对文本体裁的意识，引导学生关注小说内的其他细节。又以填空的形式，吸引学生带着问题关注情节，以此来引导学生梳理故事内容。

【分析：这样的学教策略，在学生进行文本阅读的基础之上，将多重内容融入了一个环节之中。首先，通过"小说三要素"这样标签明显的文学常识，提醒学生关注文本的体裁；其次，借小说三要素引导学生关注初次阅读时文本中较容易忽视的内容，以此帮助理解文本内涵；最后，回归情节，借助填空的简单形式，使学生回归到故事内容上，明朗故事内容，为后续的实践学习做铺垫。】

2. 简化活动，品析人物

对于五年级的学生而言，聚焦某些词句来理解文章已经是一种非常熟练的阅读方法。"故事点播"项目式学习课型是建立在学生把握文本的基础上的，那么回归文本去抓词读句就显得尤为重要。

在《三打白骨精》这一课堂案例中，提炼出"三"这个文章可用的主线索之后，通过读句、分享的形式，引导学生用几个词语来概括人物的形象。同时，句子不宜多，既是"三"，那么每个角色三句最能体现"三"的句子即可。形式简单，内容不多，但符合《三打白骨精》这一文本学教的主思路。

【分析：解决"理解人物形象"这一难点并非一定要用复杂的形式，反而经过教学实践验证的经典学习形式更有助于学生达成目标。通过绘声绘色的朗读、小组内的讨论交流，学生等于经历了"倾听朗读—初次印象—相互印证—再行修改"这样一个学习的过程。】

3. 改编故事，评价监控

对《西游记》中经典故事的二次创编是这一学教案例中最有难度也是最集合式的实践学习活动。在《三打白骨精》这一教学案例中，对这一环节的设计也是体现了一定梯度，同时本环节中的"交流""改编""分享"三个实践活动也是相互独立、相互促进的。

首先，以兴趣为内驱力，让学生相互交流在《西游记》中喜欢的故事，唤起学生对古典名著的热爱，唤醒学生对这些经典故事的记忆，唤来学生对参与师徒四人西游经历的兴趣，为之后进行经典故事改编打下基础。

其次，以《三打白骨精》中的写法为学生做改编故事的方向指导，使得学生在刚刚学习过这一文本的写法之后有一个可以运用的机会。同时，借助评价单，使得学生对自己和同学的改编作品有一个质量上的评价，便于进行创作反思和作品修改。

最后，简单的张贴上墙对学生而言意味着故事在同学之中得到了肯定。尤其是这类大家耳熟能详的故事，学生对其的二次创编受到一致好评，那种成就感比起单元习作得以张贴上墙要高得多，这使得学生对继续参与"故事点播"项目学习型的创作迁移有更大的兴趣。

【分析：越是有难度的实践活动，越需要教师为学生搭建合适的阶梯。在"故事点播"项目式学习课型中，实践活动环节往往以阅读／交流—实践—评价这样的梯度来开展，实则对应学习方法／激发兴趣—开展实践—进行评价／修改提升的学习目的。】

策略三：点面结合，有创意

在课堂上，"故事"之所以能够"点播"，正是因为故事类的作品一般都有着曲折生动的故事情节、鲜明灵动的人物形象，这也是故事类的文章能够如此吸引学生的重要原因。在"故事点播"项目学习课型中，我们需要充分发挥故事类文章这一特点，从"听故事、说故事、演故事、编故事"这四种主要手段出发，以活动形式为"点"，学教目标为"面"，点面结合，为学生创设一系列丰富多彩的阅读活动，以活动为载体，使故事在阅读活动中发散魅力，发挥文本特点，让学生在阅读活动中增加阅读兴趣，提升阅读能力。

以统编版小学语文教材《跳水》为例。《跳水》作者是俄国著名作家列夫·托尔斯泰，他描写了大海中，帆船上，小男孩因为追猴子上了桅杆，进退两难，岌岌可危，而他的船长父亲则以枪威吓他从桅杆上跳入海中，从而化险为夷的故事。这个故事在描写上细致具体，紧张的气氛营造得非常到位；情节上一波三折，小男孩的命运令每一位读者提心吊胆。学生对这一篇课文的学习兴趣较为浓厚，且这一故事本身就有着很强的故事性和吸引力。

"故事点播"项目学习课型针对这样的文本，设计以丰富的阅读活动为载体，引导学生在读中激发兴趣，在读中提升能力。

1. 以讲为点，创新讲述

因为"故事"这一文学体裁本身侧重事件发展过程的描述，强调情节的生动性和连贯性，所以"故事"本身比较适合用于口头进行讲述，即学生在启蒙阶段就多次接触的"讲故事"。可以说，"讲故事"这一形式是学生完成故事类文章内容把握、情节梳理、内涵理解等诸多学习目标的重要途径。但正因为学生早已接触过"讲故事"，所以想要使学生投入学习实践活动中，就需要在形式上进行创新。

（1）评分导向形式。如本篇第一章中《陶罐和铁罐》这一教学案例，在创编故事时运用了评分标准作为学生创作的导向。这一形式比较单纯地安排讲故事的形式，既以评价标准为学生提供了创作的方向，也使学生有了一个相互比较的标准，有比较就有竞争，有竞争学生的动力就会更足。

（2）道具辅助形式。在低年级的故事类文章教学中，老师经常会为分角色扮演的学生戴上文章中小动物对应的头饰，以此来增加学生的兴趣和真实感。但年级越高，这么做的就越少。在《跳水》一课中，可以让讲故事的学生选择孩子、水手、船长的背心、头巾、帽子来区别角色，这样的装饰比起低年级的头饰，既能保证讲故事的真实感，又不至于让学生觉得幼稚而反感。

【分析："讲故事"实在是一种操作简单且效果不错的实践活动。在初高中的课堂上，也经常有课本剧的出现。虽然初高中的课本剧中，学生要经过编写剧本、排练、表演等步骤，操作流程较之小学的讲故事要复杂得多，但并不意味着小学高段就可以完全放弃"讲故事"这一形式。只是需要老师根据实际情况，进行创新，以此来吸引高年级学生的兴趣。】

2. 以写为点，创新练笔

写作，可以说是语文学习的终极目标。识生字、学句式、懂写法，都是为学生进行文学创作而服务。同时，写作也是检验学生学习效果的有效方式。在日常的教学中，教师也应该尽量为学生创造练笔的机会。但是，相较于"说"，学生对于"写"有着更天然的抗拒，往往一说要"小练笔"，学生的反应都是有一些抗拒的。要改变这样的状态，就需要教师在写作实践的运用上进行一定创新。

（1）音乐沉浸形式。写作环境对于学生的影响是很大的，一个沉浸的写作环境对学生静下来开始写作有着不小的作用。而在课堂上，音乐就是一种易操作、强渲染的形式。孩子天生对音乐亲近，选取与故事相适应的纯音乐有助于让学生接受练笔。如《跳水》这一课，描写在桅杆上的孩子的心理时，可以用富有紧张感的音乐；描写孩子入水后众人的心理活动，则可以用平静但暗含波涛感觉的纯音乐，以此来带动学生进行练笔。

（2）分组写作。故事类的文本情节多、人物多，可供改编的空间更是巨大。在"故事点播"项目学习课型中，可以采用学生互点、分组写作的形式。由学生来指定改编的内容或情节，其他学生分组进行写作。对于"不可预知"的新鲜感能使得学生对每一次的小练笔都有所期待。

【分析：让学生不再抗拒练笔，是一条漫长的道路。在"故事点播"项目学习课型中，尝试以创新形式的写作实践活动来引

导学生尝试写作、接受写作、提升写作。】

3. 以演为点，创新演剧

每次教学故事型的文本，学生对于课本剧这一环节的兴趣是最大的。但更多的学生感兴趣的是"看表演"，而不是"参与表演"。往往上台表演的总是固定的几位同学，更多的学生在观看时虽然兴致勃勃，但要让他们自己上来却是不情不愿。这一点既与学生性格有关，也与课本表演对展示人数有一定限制有关。这一点也需要进行一定创新。

（1）群演群像形式。调动学生一起分角色演。比如《跳水》中，喜欢孩子的同学一起站起来读孩子相关的内容，并加上动作；喜欢水手、船长的亦然。通过让每个学生都能参与，来消除一些同学对表演的抗拒。

（2）道具包装形式。如前文所述，高年级学生对于简单的角色头饰已经觉得幼稚，不愿意戴头饰参与表演。但如果用相关角色有特征的道具来表示人物，学生的接受程度会高很多，也更愿意参与到表演中来。

【分析：如何在小学高段重新发挥演故事的效果，实在是一个不小的话题。经过已有的教学实践，目前发现的在高段课堂中可用的演故事形式并不多。但在创新演故事的形式上，对这一实践活动的目的是比较明确的：调动学生的兴趣、辅助学生理解文本、提升学生阅读能力。以此为目标创新形式，相信对在高段发挥演故事的教学效果一定会有帮助。】

下篇　儿童剧本

　　儿童剧是儿童最欢迎的艺术形式之一，在欣赏表演的过程中，他们可以完全融入剧情中，无论是人物的对话、肢体动作，还是跌宕起伏的情节，都深深地牵动着儿童对于故事的好奇之心。在人的天性中，就有对戏剧表演的向往。

　　儿童剧本的选择，基于学生的喜爱，也基于剧本本身的特点，因为这类表演要经历了解故事内容、改编故事内容、准备表演道具和最终展示演出的发展过程。在这个过程中，儿童通过角色扮演进行学习，学会主动思考，锻炼沟通表达，同时获得了语文各方面的素质和能力。更重要的是使儿童在遨游洋溢着游戏精神的戏剧舞台的同时，寻回适合他们精神生长的空间。基于此，针对儿童剧本，我们开发了"品悟鉴赏""多维创写""互动展演"三种不同的课型，为孩子找到不同的剧本阅读策略。我们希望通过儿童剧本，让孩子爱上阅读、爱上编导、爱上表演，努力营造快乐的阅读氛围，分享快乐的阅读体验。

第一章　"品悟鉴赏"基础学习型

　　《义务教育语文课程标准（2011 年）》强调："语文教师应高度重视课程资源的开发与利用。创造性地开展各类活动，增强学生在各种场合学语文、用语文的意识，多方面提高学生的语文能力。"语文教学的目的是能够让学生更加准确乃至生动地运用中文。戏剧作为一种集合了语言、动作、舞美、音乐等多种媒介的综合性艺术，学生可以通过它来感受语言的魅力和文化的独特。而剧本是这种艺术的基础和依托。它的故事发生地和发生时间高度集中，在短短的篇幅中需要呈现尖锐突出的故事矛盾，大多数的情节推动通过语言来完成。戏剧本身具有双重生命，一是作为文学样式存在于文学之林，一是作为表演的基础存在于舞台上。所以，当剧本只呈现在纸上时，它还不够完整，需要读者的想象和参与；当它经过导演的设计和演员的表演之后，观众便可以看到剧本焕发的新的生命。所以剧本的教学绕不开学生的想象，或者通过实践的方式，将剧本搬上舞台进一步加工，这样才是剧本这一文学体裁完整的生命。剧本教学应该兼顾它的文学性和实践

性。《义务教育语文课程标准（2011 年）》也强调，"语文教学
要努力体现语文课程的实践性和综合性，让学生在语文实践中学
习语文、学会学习，以促进学生语文素养的整体提高"。作为一
种特殊的文体，学生不仅仅要从剧本中读出叙述的故事、剧本中
的人物特点和情感，更要关注剧本是如何运用这种特殊的形式来
传递信息的、这种形式的语言有什么独到之处以及和其他的文本
有什么不同。通过这样的鉴赏和比较，学生的语言能力得以提高，
理解力得以提升，以至于可以更加自如地运用语言。这样一个
阅读、比较、吸收、内化及使用的过程，是语言技能得以形成的
路径。

　　统编版教材有不少充满"剧本元素"的课文，比如童话、历
史故事、寓言故事等，非常适合改编为课本剧让学生进行欣赏和
感受。这些课文里有生动的对话、有丰富的动作，还有强烈的故
事冲突，当学生阅读这些课文的戏剧版本或者对其改编为剧本进
行实践时，他们会对戏剧这一种文本有更深的认识，在感受、认
识剧本的过程中，学生能学到剧本的格式，比如剧本会先呈现故
事发生的时间、地点和人物，还有详细的舞台指示和台词，这些
都是剧本这种文体不可分割的组成部分，同时，也会让学生更深
入了解课文的语言和更多相关的道理及情感。

　　在实际教学过程中，为了以学为中心，突出学生的学习主体
地位，改变老师单向传输的学习方式，面对中高段的学生，因为

他们已经积累起一定的文本解读能力，可以使用更多的小组讨论，让学生用小组合作的方式来自主发现戏剧的奥秘。

第一节 "品悟鉴赏"基础学习型的课型特征

要想利用戏剧这一特别的形式，把语言学习变成学生活动的大天地，"品悟鉴赏"是第一个重要环节。在这一环节中，教师要引导学生触摸优秀的剧本，去认识剧本的格式，感受剧本中曲折的情节，体味剧本独特的语言风格。要培养语文素养离不开字词句的积累，思维品质的锻炼，知识视野和情感价值观的拓展，戏剧的阅读也是一样，是多维度综合素质的训练。

首先，认识剧本的格式。剧本的叙事要素高度集中，在开头就会呈现故事发生的时间、地点和人物。在演出时，舞台虽然也有舞美的变化配合，但总的来说舞台环境是比较单一的，这决定了剧本要选择最具有冲击性的事件，这样才能在有限而单一的舞台上呈现足够多的细节来体现人物性格，推进故事发展。剧本最重要的情节推动方式是对话或者独白。通过个性化的人物对白来体现戏剧冲突，舞台指示语则会交代人物的动作、神态和舞台情景布置，以体现故事走向和人物关系。这些和小说、诗歌、故事不一样的格式，也会有不一样的表达效果。比如，小说中运用叙述、议论、抒情等手段来推进情节，一般有大段的心理描写或者静态描写，剧本会把抽象的小说变成舞台画面，而小说中的心理描写只能通过动作、神态、独白或者对白的形式来表达，所以剧本会有更精确的画面感和更强烈的情节冲突。

其次，感受剧本中曲折的情节。剧本中会有集中的人物之间的冲突、同一个人物自身的心理冲突以及环境和角色之间的冲突。正是一个又一个的冲突紧紧地抓住了读者和观众的兴致，将情节推向高潮。比如在《丑小鸭》的剧本中，为了体现丑小鸭的孤独，舞台会布置室内、室外两个对比的场景，室内是孤零零的丑小鸭一个人在独舞，室外是一群鸭子在开心地游玩，通过一快一慢、一动一静的对比，观众能够感受到丑小鸭的伤心，而它现在越伤心越无助，越能体现它改变的力量。对于中高年级的学生来说，他们有这样的文本解读能力来把握这些曲折的情节。比如在《半截蜡烛》中，半截蜡烛作为矛盾的核心让人移不开目光。当一次又一次解救蜡烛的努力失败，蜡烛眼看要"山穷水尽"之时，情节"峰回路转"，小小的杰奎琳居然让德国军官松了口。在这样的一波三折中，读者、观众和剧里的角色一样喘不过气来，角色的性格特点也在这些情节设置中一览无余。

最后，体味剧本独特的语言风格。剧本的语言不同于其他文体，它是对话语体，长短句都有，兼具了口语和书面语的特点，语言朴素易懂。通过角色个性化的语言来体现人物的性格，推进情节的发展，而这个语言必定是入情入境甚至直击人心的，因为它要在当下给观众冲击，观众也会在当下给予反馈。在《半截蜡烛》中，杰奎琳虽然年纪小，看起来天真可爱，可是细细地去品读她的言行，她的语言艺术不可谓不高。她的行为显得那么无意，"打了个懒懒的哈欠，走到少校面前"，但动作越是自然，越可以想象她内心的紧张。她还为德国军官戴了"司令官先生"的高帽子，让德国军官放松警惕，满足他的虚荣心，获得他的好感。"我可以拿一盏灯上楼睡觉吗？"杰奎琳用"灯"来取代"蜡烛"，从而转移了焦点，防止德国军官对蜡烛起疑心。杰奎琳的每一句话都经过精心设计，暗含深意，让人拍案叫绝。通过细心地研读这些角色的语言，人物性格、人物情感和命运走向跃然纸上，读者也好像跟着角色一起经历了那一段扣人心弦的人生。

基于剧本的特殊性，明白剧本格式、把握情节冲突和赏读剧本语言是剧本学习不可忽略的部分。选择优秀的剧本或者课文改编的课本剧，培养学生剧本阅读的学习方法，是教学的必要途径。在"品悟鉴赏"的剧本教学中，我们要遵循以下原则。

一、形象性

剧本最大的特点就是人物形象鲜明。不同于小说受限于叙事者的角度，剧本站在一个客观的角度，可以让每一个形象通过定格的画面都得到充分的展现。各种将内心外化的动作表达了角色的情感，也体现了角色的形象和性格特征。一个好的剧本能通过语言和动作，为读者的想象和演员的表演提供广阔的空间，凭借这些语言和动作，一个角色的形象会更有说服力。如，童话故事改编的课本剧《丑小鸭》《皇帝的新装》，人物形象具体丰满，语言充满童真。舞台指示语是剧本不可分割的部分，它不仅展示了角色和故事的具体环境，包括地点和时间，也是角色行为、动作、神态的指导和提示。它作为台词的补充，也是形象塑造的重要帮手，帮助我们理解人物，了解情节走向。比如在《半截蜡烛》中，杰奎琳的"笑容像百合花一样纯洁"，她的笑容越纯洁，她的内心越紧张，心理活动越复杂，越能体现战争的残酷——让这么小的一个孩子卷入其中，为了祖国而倾尽全力。

二、趣味性

教师在教授剧本时，尽量选择课内外优秀作品，如欧·亨利小说改编作品《警察与赞美诗》等，以幽默的语言，略带转折的情节，教会孩子剧本语言。在《警察与赞美诗》中，苏比为了能够解决饥饿与寒冷，费尽心思想要被抓去监狱过冬，他故意犯罪，吃霸王餐、偷伞、调戏妇女，都没能如愿，然而在他被教堂的赞美诗感化，想要改邪归正时，却被无端地送进了监狱。学生在这样的预期落空的波澜起伏中，感受苏比生活的荒谬，当学生已经适应了这样的节奏时，作者又激化了矛盾，让角色和读者陷入了更深的思考。创造的矛盾具有节奏感，但又不是平铺直叙、直线上升，通过作者的"抑制"和"拖延"，让情节永远出乎读者的意料，但经过深入思考却又在情理之中。这样的矛盾起伏始终能抓住观众，为最后的高潮做铺垫，而最后的戛然而止则隐含深意。这样结局的突变完整了苏比作为一个小人物的性格特征，以及警察这一群体的特征，揭示了这一戏剧冲突的意义所在（当时社会的不公平和不确定），读者和观众的紧张得以释放，但这一释放也带给人无尽的思考。这些语文学习的"滋味"能够让学生手不释卷，感受到文学的魅力。

三、情感性

剧本离不开作者的情感，好的剧本定是能让人的内心最柔软的一角塌陷，列夫·托尔斯泰的《穷人》以细腻的心理描写，描摹了人性最善良的光芒。剧本的语言和动作都经过精心设计，因为有内心的情感才会推动外部的动作，而内心情感的真诚才让外部的动作合情合理。所以在《穷人》中，桑娜的语言和断断续续的沉默，比如"我也不知道，大概是昨天。唉！她死得好惨啊！两个孩子都在她身边，睡着了。他们那么小……一个还不会说话，另一个刚会爬……"，体现了她的进退两难和善良。在感受到了人物的情感后，有效的朗读教学，可以让学生更加深入地体会人物的感情，加深对文字的理解。朗读可以把无声的书面语言转化为有声的语言的再创造，尤其适合剧本阅读。而剧本，因为它有生动的动作、神态的提示，主要用对话来推进情节，这一文体天然给学生朗读提供了丰富的依据，适合进行朗读练习。学生在深入思考朗读方法的过程中，离不开对角色感情的理解。品味作者倾注在这些角色身上的感情，而这些感情的把握和理解要通过语气、语调乃至音乐及环境表现出来。学生变身为编剧和导演，对剧本本身的信息再次全面梳理整合，逐字逐句地揣摩尝试，这是对他们综合能力的进一步提升。

第二节　"品悟鉴赏"基础学习型的课例研究

"品悟鉴赏"基础学习课型基本上可以按照以下的流程进行操作。

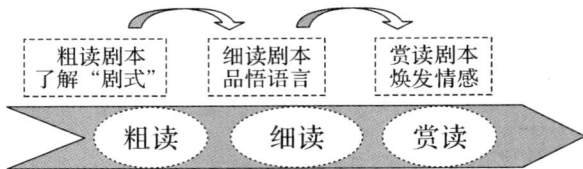

"品悟鉴赏"基础学习课型操作流程图

一、粗读剧本，了解"剧式"

教师以课文为范本，让学生发现剧本这一文学样式的特别之处。剧本主要由人物对话和舞台提示组成，其中人物对话包括对话、独白、旁白等，舞台提示包括剧情发生的时间、地点、人物、服装、道具、布景、人物的上下场以及人物的动作、神态等。舞台说明一般出现在每一幕的开端，如果出现在对白前面在形式上会用括号括起来，对推动情节、刻画人物性格有补充说明的作用。由于剧本有对于时间和空间要高度集中在舞台上的要求，剧本中用"幕"来表示不同的段落和场景。小学接触到的剧本多为独幕剧，所有的矛盾冲突在一幕中完成。"剧式"的发现可以由学生从剧本和故事的对比阅读中，直观感受剧本的不同。而这个样式上的不同是为剧本的目的服务的，剧本本质上是一个舞台的呈现，是为了能够简明扼要地说明舞台上的画面而创作的。"剧式"的发现也可以由老师来引导，在塑造人物的时候去发现人物的外貌和表情，从而对舞台提示的作用有更加深入的了解。比如在特级教师盛新凤老师执教的《半截蜡烛》中，她将剧本知识渗入在人物理解中，请学生站在导演的视角，去挑选扮演杰奎琳的小演员。在这个时候，学生就会注意到杰奎琳相关的外貌和神态，通过这样的发现，舞台说明的形式和作用也就不言而喻了。这些剧本知识的学习和人物形象的理解融为一体，正体现了剧本的独有格式，是为人物形象的塑造和情节的推动而服务的。学生在潜移默化中明白了这一知识，还进行了阅读的实践。

二、细读剧本，品悟语言

剧本的对话、独白和旁白都是为了体现人物性格，推动情节发展而服务的。独白是角色直接抒发个人感情所说的话，比如《哈姆雷特》就以"生存还是毁灭"这一段长长的独白抒发了自己对于死亡的思考。旁白是某一个角色对观众做的说明。对话通常占剧本的绝大部分，充分表达了人物的性格、身份和感情。由于剧本是直接面向观众进行舞台表演，它的语言不同于故事、小说这样的书面语，通俗自然而且口语化。学生在细读剧本的过程中，就像一个导演，要充分发挥自己的想象力，将每一个角色的神态、动作、语气通过语言变得立体，一方面通过语言了解剧本的情节走向，感受剧情的跌宕起伏，另一方面感受语言对人物全方位的塑造。在剧本中，每一句对白都没有"闲来之笔"，都是有目的、精心设计的，或推动情节发展，或体现人物个性，或促进矛盾激化。比如在《半截蜡烛》中，杰奎琳提到德国军官的女儿："我想她一定非常想您。"一方面让军官转移注意力想到自己最亲爱的人，从而对同龄的小女孩杰奎琳放松警惕，网开一面；另一方面暗暗唤起德国军官对于战争的无奈乃至厌恶。学生在细细品读语言的过程中，会结合自己的生活经验，把自己放到角色的角度来把握语言的设计。剧本中还有丰富的"潜台词"。当杰奎琳说"和您聊天真有趣"，说"有趣"这个词时杰奎琳的神态一定是天真可爱的，但是这个词语背后并不是赞赏，而是厌恶。戏剧语言的潜台词让戏剧更加立体而全面，让语言更有回味，让学生的想象更加具体而生动。当学生意识到语言的深度时，他们便能放慢脚步，用深思揣摩的眼神来审视、探究眼前的剧本。

三、赏读剧本，焕发情感

学生就像一个演员在演戏一样，能够把这样的情感再现，考验的是学生的理解能力和迁移能力。《义务教育语文课程标准（2011 年）》指出，"阅读是学生的个性化行为，不应以老师的分析来代替学生的阅读实践"，课堂的关键之处不是老师的"深度主观分析"，而是学生在老师引导下的自主发现。此外，很多优秀的剧本都已经被搬上舞台或者搬上荧幕，学生可以看到剧本在舞台上的呈现。通过交流赏析剧本片段，学生可以直接接收剧本和演员的感染力，并且即时做出反应，这也是最接近剧本本身价值的欣赏方式。之后，学生可以将演员的表演和自己通过文本展开的想象进行对比，点评角色的表演，思考演员是如何准确全面地把握人物形象的，从而加深对剧本的理解。

案例：以课本剧助力阅读教学，助力学生综合能力提升
——《草船借箭》课例

一、教材解读

本单元的导读要求是：学习本组课文，理解主要内容，感受人物形象，体会阅读名著的乐趣。所以全方位、多角度地感受人物形象是本单元学习的重点。感受人物形象的最好方式就是将这个人物通过自己的理解和创造进行再现。《草船借箭》课文以对话贯穿全文，课文中出现了周瑜、鲁肃、诸葛亮、曹操等多位人物，他们的性格各有特点，这些人物特点通过他们各自的个性化语言塑造起来，特别适合使用课本剧的形式来帮助学生把握人物形象。学生通过对剧本的深入解读理解课文内容，再现借箭场景，感受各个人物的性格特点。这类历史故事以动作和对话推动故事情节发展，特别适合采用剧本的形式来帮助学生阅读理解，深入体会人物特点。

二、学情分析

本课语言最大的特点就是采用对话推动情节发展，但是如果进行剧本的全创编，考虑到学生并没有在课堂上直接接触过剧本

这一文本形式，经验不够，脱离了五年级学生学习发展的实际，教师可围绕剧本特有的"说明"来帮助学生感悟人物形象，通过对这些说明描述人物的动作、神态的解读，让学生能够体会人物的逻辑和情感。

三、设计理念

课本剧是依托于现有的课文资源，将课文进行剧本式的改编和表演，通常包括阅读课文和剧本、改编剧本、表演剧本和表演评价等多个学习活动。通过剧本这一新颖的形式，学生能够主动走进虚拟的情境，扮演其中的角色，从而走入主人公的内心世界，理解文本的理性和情感逻辑，依靠对课文的深入了解来塑造合理而动人的形象。这一形式强化了学生的主体地位，助力学生综合能力的提升。

四、目标设定

基于以上的教材解读，对于本课的教学目标，做了以下的设定：

1. 通过对小段戏剧的观摩，激发学生兴趣，了解课文主要内容，分清剧幕。

2. 通过剧本和课文的比较，通过剧本说明的动作、神态深入体验人物特点。

3. 小组合作选择剧幕，创编剧本说明，并演一演，从而创造符合人物特点的形象。

教学重难点：小组合作创编剧本说明，并演一演，从而创造符合人物特点的形象。

五、学教设计

第一板块：粗读剧本，理清剧幕

回顾《草船借箭》，明确草船借箭剧本不同剧幕的主要内容。

1. 回顾导入

同学们，电视剧都是分集叙事的，如果我们将《草船借箭》拍成迷你电视剧，你认为可以分成几集呢？如果给每一集想一个小标题，你会用什么小标题？

预设分成四集：第一集：孔明受命。第二集：筹备借箭。第三集：雾中取箭。第四集：折服周瑜。

2. 视频播放小段戏剧，聊聊人物的特点

（1）播放小段《草船借箭》戏剧。

话说当年"草船借箭"的事情传遍天下后，微博上很多诸葛亮的粉丝给他盖楼，他们是这么形容诸葛亮的：说孔明，道孔明，（　　）你第一。

预设：神机妙算、天文地理、足智多谋、聪明绝顶等词语，鼓励学生进行成语积累。

他们是这么形容周瑜的：说周郎，道周郎，（　　）数你能。

预设：妒贤嫉能、心胸狭窄等词语。

他们是这么形容曹操的：说曹操，道曹操，（　　）摔一跤。

预设：生性多疑、自鸣得意等词语。

（2）要求学生说完人物特点后，为人物配上标志性表情和动作。

【设计意图：通过将小说改编为电视剧这一同学们感兴趣的方式自然引入剧本剧幕的介绍，并且回顾课文的主要情节。通过对情节的梳理，锻炼学生的概括总结能力，并且品评人物的性格特点，用时髦的方式对三位主要角色进行初步的评价，为下一板块的细读说明做准备。】

第二板块：抓住说明，感悟形象

1. 评一评：学生交流最欣赏的一处戏剧说明

通过这些揭示动作、心理的戏剧说明，结合角色个性化的语言，说一说这些人物为什么会有这样的表达。

2. 教师提供"孔明受命"的剧本

同学们，《草船借箭》小剧场开播啦。读一读已经写好的第一幕剧本，请说一说和课文的区别在哪里。

预设：学生会说到括号内的剧本说明。请学生说一说剧本中括号内的内容的作用是什么。

教师提示：这是小说和剧本的重要区别。"说明"由括号来提示，说明角色的表情、动作、服装等，有助于刻画人物的性格和推动情节发展。

同学们，请想一想最欣赏哪一处戏剧"说明"，并在说明旁写上你的批注。

演一演：请学生分小组演出剧本，通过对剧本的理解，塑造不同的人物。

通过分小组、分角色表演，请学生演出说明中的神态和动作，并且揣摩这样的神态、动作和语言是否相配。

【设计意图：这样通过将剧本和课文做初步比较，教师引出剧本说明这一剧本的独特方法。剧本说明的内容是剧本创作者通过自己对角色语言行为的理解而创作的表情和动作。在实际教学中，小说的阅读容易变成教师单方面地灌输人物特点，学生没有思考细节。剧本说明是对于小说空白处的填补，需要学生细读对话甚至是关键词，才能去判断剧本说明的合理与否。通过让学生评价戏剧说明，去寻找自己最欣赏的一处戏剧说明，启发学生揣摩这样的表情、动作是否符合人物的性格特点，体会原文中语言的魅力，并能够在表演中主动去内化塑造这一角色。】

第三板块：文本对比，明晰"剧式"

1. 将课文和剧本做对比，说说不同之处

请学生再次比较剧本和课文的格式，通过对比，了解剧本的基本范式——有动作提示，基本由对话组成，有道具、场景等。

2. 出示剧本的基本格式和基本架构

鲁肃（手中拿着酒杯，有些颤抖，说话有点结巴）：诸葛先生，如果曹兵出来，怎么办？

诸葛亮（微微一笑，坦然地摇着羽扇）：雾这么大，曹操一定不敢派兵出来。我们只管饮酒作乐，雾散了就回去。

【设计意图：通过将剧本和课文做进一步比较，在格式上，教师进一步说明剧本的特点，为下一板块的合作创编做好格式上的准备。】

第四板块：合作创编，触发情感

1. 对第二、三、四幕剧本进行自主选择创编，尤其注意剧本说明的创编

【设计意图：在课文中，作者并没有对鲁肃和诸葛亮动作、神态的描述，学生在创作剧本时加入了这样的剧本说明。这样的

剧本创作要求学生对于人物的性格特点有深入的把握和合理的创造，对人物的位置甚至时代背景都要考虑到。学生走入了角色，也提高了阅读理解能力。】

2. 同学们演一演自己创编的片段
3. 回归剧本比较，请学生说一说剧本和小说的差别

【设计意图：当学生对课文和剧本有了深入的理解后，表演课本剧就是水到渠成的事情。剧本的说明越是详细合理，演员的表演越容易贴近人物。将写就的剧本表演出来不仅能够进一步促进学生对于课文的理解，也是小组合作创作出一个作品的良好体验，能促进学生整体语文能力的提高。同时学生在表演的过程中，也能够对"编剧"的理解进行修正，从而更加准确地表现角色特点。编演课本剧这一形式激发了学生深入解读课文的兴趣，有利于充分发挥每一个学生的自主学习。】

第三节 "品悟鉴赏"基础学习型的操作策略

策略一：文本剧本，对比读

我们发现，网络平台有许多优秀的依据课文改编的剧本，我们可以把课文和剧本对比读，通过研读课文、推敲语言文字、体

会人物情感，使其知背景、明主题、熟内容，在对比中更好地体会剧本人物个性的语言、丰满的形象。这些剧本并不仅仅只是对课文进行格式的转变，更是在明了作者意图的情况下，选择适合在舞台上呈现的片段及细节，进行扩充，而删减不符合剧本逻辑或者不适合舞台呈现的部分，从而使故事情节更加波澜起伏，使人物性格更加鲜明饱满，把剧本这一独特的创作样式的特点发挥到极致。在对比阅读中，学生不仅仅要关注剧本格式的改变，更要发现不同文体中展现的不同细节，作者选择了什么地方进行夸张、放大，从而帮助角色能够充满生命力，性格展现得淋漓尽致。

　　中高年级的学生已经对文本的细读有了一定的经验，这些经验就是他们最好的抓手，在任务驱动的学习导向下，学生就像觅食的猎豹，开始根据任务单，通过和已有经验的比较，分组行动，在剧本和课文的比较中寻找满足自己需要的猎物。故事中的大段心理描写会被剧本中简练的动作和神态所代替，比如生气转化为摔东西，百感交集转化为眼眶含泪，担心转化为不断地踱步徘徊。学生通过这样的对比阅读，同时结合自己的生活经验，可以对神态、动作设计所展现的画面、体现的角色性格有更加深入的认识。

　　策略二：聚焦台词，多样读

　　剧本不同于其他体裁的文本，它由大量的旁白和对话构成，也就是我们常说的台词。而这些台词既来自生活，又比生活中的口语更加精辟，作者尽量在有限的台词中蕴藏微妙的心理变化和丰富的故事背景，每一句台词都是精心设计，没有多余的台词，全部指向情节的推动和人物的塑造，而且台词中还富含了丰富的潜台词，一些沉默和空白有"此时无声胜有声"的效果，比如《白毛女》中喜儿多次呼唤的"爹"就有多种意味，这"弦外之音"让人百感交集。

角色的个性化决定了台词的个性化，台词在剧本中有着至关重要的作用，语言不仅要推动情节，还要承担不同人物根据年龄、身份、阅历等不同的塑造设计。老舍说："我要求自己始终把眼睛盯在人物的性格和生活上，以期开口就响，闻其声知其人，三言两语就勾画出一个人物的形象的轮廓来。"哪怕只有短短几句台词，角色的形象也跃然纸上。什么样性格的人就会怎样说话，通过朗读台词，学生对于语言的敏感性大大提升。

聚焦台词，我们尝试通过让学生分角色读、组间赛读、边演边读等多种方式，激发学生阅读剧本的热情，让孩子们在读中找戏，细细揣摩，用心品味，咀嚼个性化的语言。在聚焦台词之前，学生已经通读剧本，明了了角色的背景、经历、阶层等，也明白了特定的情境下角色之间的关系和矛盾所在。在这样的认知下，语言和动作能够帮助学生立体地了解人物，树立起不同人物的不同细节。一个优秀的剧本能够用简练的语言塑造人物的性格，无一处闲笔，做到"话到人到"。剧本虽然无法像小说一样运用大段的心理描写，但短短的言语中蕴涵丰富的潜台词，构建了读者的想象空间，表现出人物复杂的心理活动。剧本中的语言经常离不开剧本说明的神态、动作，这样的语言富含动作性，而且角色之间的对白充满了交锋，可以为学生的朗读乃至表演提供广阔的想象空间，学生通过这些动作语言来表达角色的心理状态，从而更好地塑造角色。比如在《半截蜡烛》中，杰克和妹妹杰奎琳的语言动作不同，杰克"像男子汉似的挺挺胸脯"，杰奎琳"嘟起了嘴"，这些角色的性格决定了他们语言的语气和节奏会完全不同，也为后面杰奎琳机智地保护蜡烛做了暗暗的铺垫。

　　比如在《草船借箭》的课本剧中，学生通过分角色朗读，在朗读时可以配合动作来体味角色性格，朗读后由学生即时评价朗读效果。通过男女生对读，男生读诸葛亮，女生读周瑜，用朗读的方式让学生进入情境，学生在朗读中活力四射。草船借箭的故事，学生已经耳熟能详，如何将故事还原为人物的细节和情感，破除学生心中抽象固化的形象，塑造出有血有肉的人物，是朗读的目的。教师可以引导学生进行讨论，不同的台词应该用什么样的语气和节奏，为什么要用这样的腔调，当时角色的心理活动是什么，为什么会产生这样的心理活动，它的潜台词是什么，角色当时的动作和神情又是什么。朗读除了让学生进一步熟悉矛盾冲突、理解角色之外，更重要的是激发学生的合理想象，对剧本进行再创作。比如舞台上的人是走还是停，是站还是坐，每一个角色的个性决定了他有什么习惯性动作，甚至不同的角色会穿怎样不同的衣服。通过一点点的追问，人物本身和人物之间的关系就在朗读中慢慢丰满起来，学生的创作激情也在朗读中得以生发和培养。

策略三：舞台表演，欣赏读

在课本剧的演绎过程中，演员的台词饱含情感，体现人物个性，环境的布置、音响的选择也是作者通过笔头的细腻思索化为现实的产物。在观看剧中人物表演的时候，教师不需要"灌输式"引导，让学生自己一边观看一边联想即可。这样的赏读，能促进儿童本性的释放，挖掘学生语言的天赋，燃起学生思维的火花。组织观看舞台表演也是激发学生对于剧本文学兴趣的方式，以看促学，加深对于剧本的了解。他们通过对示范性表演的观看，发现触动人心的细节，看到本来白纸黑字的文本是如何被演员富有表现力的表演而赋予了神采、拨动了心弦。在欣赏舞台表演中，学生还会发现声音对于环境的塑造和对观众感情的影响。因为音乐是环境的组成部分，是体现时间、空间乃至角色心理变化的重要手段，在环境气氛的烘托中起着潜移默化而充满力量的作用。音乐无法在剧本中体现，但在舞台呈现中可以加深学生对于剧本的理解。

剧本的学习不是一蹴而就的，每一次不同形式的观看都会带来新的发现。在欣赏的过程中,学生会生成对于剧本和演员的评价,在这一过程中,学生又会自然地对剧本进行反刍,认真研读课文,从而加深对课文的理解。他们可以根据老师的引导,点评演员的语言、表情、动作、服饰是否还原和体现了剧本的设计,乃至是不是为剧本增添光彩。在最重要的对语言的评价中,学生可以和自己的朗读去比较,看演员是如何对对话进行处理,比如语调、语速、节奏等。教师也需要注意,剧本的点评必须紧扣剧本,让学生在开放而不放纵的评价中,发现更多剧本的奥秘。

但是,也要防止将剧本赏析上成了影视课,用大量的课堂时间来观看影视剧,学生只做视觉欣赏,而忽略了对剧本文本的深入研读,从而剥夺了学生对剧本文字的想象空间,有了先入为主的印象后,会给文字的阅读造成障碍。教师需要通过教学活动的设计,帮助学生实现从文本想象到舞台呈现的转化,从而更加直观地理解和认识剧本的特殊性,而不是跨过对文字的赏析直接欣赏舞台成品,这容易让学生忽略了剧本的文学性,也剥夺了学生文本想象的权利,使其失去学习的动力和过程。

整个影视欣赏过程是在已经对文本有了深入认识和体验的基础上,通过自我实践的方式来满足学生自主学习、个性发展的需要。在学生点评的同时,可以进行二次的朗读和表演,从而有学习增量的提升。教师在引导中始终关注学生对剧本中形象的把握、对情节的理解,在对文本螺旋式理解的上升中,最后全面总结人物的塑造方法。语言的教学不仅仅是语言知识的获得、语言能力的形成，更是语言学习方法举一反三的运用，学习体验的生成，以及情感、态度、价值观的慢慢建立。教师无法取代学生的学习主体地位，学生的认识和实践在一连串精心设计、符合教学逻辑的教学活动中进一步深化，从而促进这些多元目标的达成。

第二章　"多维创写"广域学习型

　　《义务教育语文课程标准（2011 年）》提出，语文课程资源包括课堂教学资源和课外学习资源，例如：教科书、相关配套阅读材料、其他图书、报刊、工具书、教学挂图，电影、电视、广播、网络，报告会、演讲会、辩论会、研讨会、戏剧表演，生产劳动与社会实践场所，图书馆、博物馆、纪念馆、展览馆，布告栏、报廊、各种标牌广告，等等。从中我们可以看到，戏剧表演是语文课程资源的重要组成部分。

　　同时语文是实践性很强的课程，应着重培养学生的语文实践能力，而培养这种能力的主要途径也应是语文实践。课标中也提出，"努力建设开放而有活力的语文课程""注重跨学科的学习""在不同内容和方法的相互作用中提升能力""要引导学生吸收中华民族的优秀传统文化""全面提高学生的语文素养"，创编剧本可谓很适合的学习内容。在小学高段的学习中，涉及剧本内容的只有《半截蜡烛》，但是很多课文的内容非常适合用剧本的形式来表现，比如《晏子使楚》《将相和》等，这些课文丰富的内容、立体的人物性格为剧本的改编预留了巨大的创造空间。学生们可以在情节的基础上想象人物的心理、动作、语言、神态，从创作者的角度去体味中文的魅力、挖掘人性的理智和情感。同时，戏剧作为一门综合性艺术，学生有机会将语文知识和音乐、舞蹈、布景等多种学科相结合，建设开放型的语文课程。一个好的剧本从选择到改编、从排练到表演，需要学生的自主学习和团队的合作，体现了自主合作的课程理念。

第一节　"多维创写"广域学习型的课型特征

《义务教育语文课程标准（2011 年）》指出，戏剧演出是语文课程资源的重要组成部分。同时语文是实践性很强的课程，应着重培养学生的语文实践能力，而培养这种能力的主要途径也应是语文实践。语文课本提供了不少适合改编的内容。把课文中叙事性的文章改编为戏剧形式，以戏剧语言来表达文章主题，让学生们主动自发地阅读，挖掘课文的细节，探索人物的个性。毫无疑问，改编戏剧能够开发学生的语言智能，促进学生的语言发展。在戏剧表演的过程中，语言是戏剧创作的灵魂，台词是故事发展线索和人物形象塑造最直接也是最重要的手段。戏剧为学生学习语言提供了模仿、创造和反思的机会，同时也符合儿童喜欢在情境中说话的天性，是天然的语言促进剂。在改编和创作剧本的过程中，首先是对原有文本的仔细阅读和体会，挖掘文本中的人物、情节、环境的各种可能性，同时教师要鼓励启发学生有意识地去和自己的生活体验结合起来，反思日常生活的细节，在仔细地思考和重现生活经验的过程中，学生的语言能力、身体感觉、空间智能以及对自我的认识都得到了有意识的拓展和开发。

那么这种学习课型有哪些特征呢？

一是虚构与现实相结合，文本和生活相交融。学生在品悟剧本、欣赏表演的基础上，根据自己的生活经验对文本进行改编，孩子们的创意不仅植根于对故事的理解，更是他们在现实中的生活积累，据此学生在教师的指导之下进行大胆又真实的编写。我们的课本是充满戏剧故事的起点，老师可以让学生从这些已经熟悉的故事入手，不论是外向的孩子还是稍显沉静的孩子都能够乐于参与其中。同时教师也应该在孩子生活经验的基础上鼓励更为大胆的改编或者创造，探索更多的文本和生活的可能性。在文本创作的过程中，增加学生的生活和情感经验。

二是学生从阅读者转变为创作者。通过转换视角，学生的主动性大大增加，他们可以自主选择生动、情节性强、人物性格鲜明的文本来改编，也可以让学生根据校园生活进行创编。世界正在剧烈地转向中呼唤创造性人才，这在传统的讲座式教育方式中正是弱项，这就需要创造性的戏剧活动的补充。戏剧作为自古以来人们通过站在第三方去了解自身和理解这个世界的重要方法，从学生的孩提时代就已经开始发挥作用，幼儿的躲猫猫、过家家就是最初的戏剧游戏，它是全面学习输出的重要形式。具体表现在——

一、有童趣

剧本在改编的过程中，遵循儿童的心理，关注儿童的思维，发挥儿童的特长，运用多种艺术手法来自由地表现，让儿童在这个过程中体会趣味性。教师在创造这个有童趣的空间时，可以利用音乐、布景等多种道具来帮助孩子轻松地进入情境，一个面具、一件斗篷、一个摄像机都能让孩子集中于要表现的故事，产生具体的想象，培养学生对于戏剧的兴趣，更好地帮助语言能力的发展。

二、故事性

剧本的故事性强。剧本有明显的故事结构、突出的故事冲突，融情、景、人于一体。要鼓励学生进行剧本的改编，没有可以调动他们兴趣的故事是不行的。教师首先要从文本的语言入手，结合自己的语言和动作，在讲述中调动学生创作的积极性，引导他们进行故事的续编，给学生以充足的想象空间。教师还可以提供一些选择项作为脚手架，帮助学生选择自己喜欢的情节进行改编。

比如著名儿童作家萧萍的儿童剧本《蚂蚁恰恰》就为学生提

供了一部有现代生活背景和教育意义的儿童剧：面对地球受到的环境污染，蚂蚁恰恰和它的好朋友们踏上了保护家园的征程。在阅读剧本的过程中，几个主角鲜明而立体的个性通过一次次旅途上的考验跃然纸上，通过朗读和表演，学生很容易在脑海里构建出具体的形象，并且和自己的个性不自觉地形成对照和反思。儿童对于"矛盾冲突"是最敏感的，紧张的情节、鲜明的情感能够吸引学生们的注意力，启发他们的想象力，这样的情感能够在改编和续写中得以延续，帮助学生想象并且模仿剧中的人物。

三、重体验

剧本源于生活，剧本的编写也离不开学生对生活的感悟与体会，生活中的每一种体验、每一种感受都是剧本的原素材。在剧本的阅读和改写过程中，学生能够接触到很多优秀的剧本，听到很多精彩的故事，虽然这些故事是虚构的，但是其灵感和细节往往来自具体的生活，是人与人、人与社会、人与地球各种复杂关系的缩影，体现了现实生活中的各种问题。上文提到的《蚂蚁恰恰》就是在环境保护的背景下创作的，促使学生对于人与自然的关系进行思考，播下爱护环境的种子。剧本的编写正是学生通过文本的启发，去挖掘自己的生命体验，从而提高了他们对于生活的感受和想象，培养了把这些感性的想法提炼表达、理性思考，最终发展创造的能力。在这样的创造背后，一些阅读中以及生活中的疑问也在不知不觉中得到了答案。当学生对于身边的语言、环境和情感更为敏感、更能感知时，他们对于文学的欣赏能力和想象能力也就更上了一个台阶。

第二节　"多维创写"广域学习型的课例研究

"多维创写"广域学习课型基本上可以按照以下的流程进行操作。

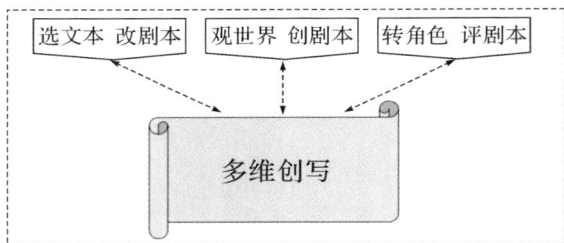

"多维创写"广域学习课型操作流程图

一、选文本，改剧本

在挑选文本的过程中，教师要充分考虑学生的年龄特点、认识水平以及不同的学情，唯有适合学生的剧本才能够最大程度地吸引他们的注意力和发挥他们的想象力。比如，在小学中段，童话故事是学生喜欢阅读的内容，它篇幅短小、剧情简单、出场人物较少，适合中年级段学生的改编。而改编童话故事、表演童话故事也可以帮助学生调动已有的生活经验，了解童话语言和结构特点，掌握童话的阅读方法，尤其是一些以动物为主人公的童话剧，更是让学生乐于阅读和表演。

在选文本、改剧本的过程中，文本和剧本可以同时出现，通过同一个故事的不同体裁的转化这样的比较阅读，启发学生自主去发现剧本创作的要求和特征，在体验不同阅读文体的惊喜和快乐中，也发展了学生辨别比较的思维能力。在明了了改编剧本的要求后，学生的改编更能在模仿的基础上有的放矢，对原有故事进行丰富的改进。

二、观世界，创剧本

学生对于剧本的创作离不开他们对于生命的体悟和经验。儿童在上学以前便已经积累了丰富的生活经验和语言常识，戏剧是将这些经验延伸的好平台。比如当学生知道自己要扮演消防队员时，他们对于消防队员的描述和出现的场景非常关注，这是平常静止知识的灵活展现。在学完《半截蜡烛》之后，学生都沉浸在伯诺德夫人一家的勇敢和机智中，这样的共情正是创作的推进剂。学生在《负荆请罪》的课本剧中已经对剧本的特点有了一定的认识，《半截蜡烛》的课文也是剧本的好范例。当同学们对剧本进行改编时，他们对于生活细节的想象和把握让人惊叹。有同学提出要将布景的窗帘拉上，因为故事发生在晚上，而蜡烛是故事的核心，需要一个相对黑暗的环境。学生甚至提出"游击队叔叔给妹妹带了糖果"，他们通过将自己共情成为剧本中的角色，而获得了角色的视角，通过站在角色的角度上进行体验、探究和思考，而产生了对于文本合理而带有情感的改编，这些都能丰富他们对于自己生活创造性的观察和反思。

三、转角色，评剧本

在剧本创作完毕后，同学之间的讨论和评价是剧本进一步完善的好办法。表演的主权属于学生，他们对于剧本有决定力，这让学生有写作输出的欲望，他们感觉到自己在改造甚至创造世界的一部分，而非被动地接受这个世界。这样创造的责任感让学生专心致志，调动完全的生命体验。于是在小组讨论中便能听到学生的各种奇思妙想，教师则四处走动，去聆听他们的想法并提出自己的建议。当学生站在观众的视角再来阅读改编后的剧本时，是进一步的阅读体验。在和创作者面对面的交流中，创作者可以听到自己的设计中精彩或者不精彩的部分，直接听到读者的反馈。而读者也能够听到创作者的创作意图，丰富自己的阅读经验和生活体验。最终，创作者和读者能够达成一定的和解，而获得更加完善的剧本。

案例：多维阅读，创写生活
——《将相和》课例

一、教材分析

本单元的语文要素是学习提高阅读速度的方法。安排本单元的目的是引导学生学习提高阅读速度的方法，并自觉运用到阅读实践中，逐渐形成良好的阅读习惯。《将相和》讲述战国时期廉颇、蔺相如以国家利益为重，由"不和"到"和"的过程。本单元编选的课文都要求精读，既要学习提高阅读速度的方法，又要达成理解内容的目标。人物的性格在动作、语言、心理描写中体现得非常突出。教师也要不断引导学生反思自己的阅读行为，分享自己的阅读经验。在这一过程中，戏剧可以成为很好的媒介，通过多维创写帮助学生以输出来带动输入，不断反思自己对于人物和故事的理解，通过对文本的深入解读，最终创造出属于自己的剧本。

二、学情分析

五年级的学生有了一定的故事阅读经验，也具有一定的自学能力和快速阅读、抓取信息的能力。在之前的课时中，学生已经通过初读感知，理解故事的基本脉络结构，并且完成课后的习题，通过故事中的动作、心理、语言描写能够初步体会人物的性格特征，但是对于深刻地、多维度地理解人物的品质和个性还有一定难度。

三、设计理念

兴趣是最好的老师，基于儿童本位，根据五年级孩子的特点，让表演和观看表演始终贯穿课堂，让学生以"创作者"的身份认真严肃地对待写与读。读是为了更好地写，以输出带输入，以表演促写作，在角色转换中习得写作的一些方法，通过对人物形象越来越深入的理解和观众即时的反应，慢慢建立对习作的信心。

四、学教目标

1. 在表演中激发剧本写作的兴趣。通过欣赏课本剧《负荆请罪》，善于观察视频中的人物，能抓住人物的语言、行为、动作表现人物的个性。

2. 尝试在习作中运用课文中学习到的语言材料，尝试在创作中转换人物角色。

3. 通过表演时观众的即时反应，评改剧本，养成自主修改的好习惯。

教学重难点：通过把握课文的主要内容，体会人物形象，将故事文本改写为剧本，并且进行表演。

五、学教板块

第一板块：创设情境，感知角色形象

1. 竞猜人物。教师邀请三位同学拿到三句台词，请他们即兴表演，隐去角色名，留下语言、动作和神态，让学生猜一猜是哪位历史人物。

2. 学生猜出后，教师引导学生说说自己是怎样猜出来的。

3. 总结得法。猜一个人物，我们可以从他的动作、语言、神态等不同的角度去猜。

4. 回顾单元主题，探讨《将相和》中的人物，说一说这些人物还给你留下了什么样的印象，你分别是怎么得到这样的印象的。

【设计意图：游戏是孩子最喜欢的方式，兴趣是最大的学习内驱力，一开场以学生已经学过的人物作为游戏竞猜对象，激起学生的兴趣。且以不同的方式呈现，这些方式也是剧本创作的要素，通过竞猜悄然地把如何体现人物性格渗透其中，为学生下一步写剧本奠定了基础。】

第二板块：文本对比，体会角色形象

1. 欣赏课本剧《负荆请罪》，说说你最喜欢视频中的谁，为什么。

2. 对比文本，剧本和课本之间有什么相同点和不同点，在表现人物形象上你更喜欢哪一种形式。

课文：

廉颇静下心来想了想，觉得自己为了争一口气，就不顾国家利益，真不应该。于是，他脱下战袍，背上缚着荆条，到蔺相如门上请罪。

剧本：

廉颇：你以国家利益为重，心胸宽广，而我却为争一口气，不顾国家利益，妒忌你，差一点铸成大错。今天我特来请罪。

3. 读懂提示。在小说中，作者可以通过心理描写来推动事情的发展。在剧本中，无法使用心理描写，而要使用语言、神态、动作来反映人物当时的心理。

4. 比较修改。出示两则剧本片段，让学生比较。

剧本：

廉颇：你以国家利益为重，心胸宽广，而我却为争一口气，不顾国家利益，妒忌你，差一点铸成大错。今天我特来请罪。

廉颇：（光着上身，背着荆条，单膝跪在地上，双手抱拳，低着头，惭愧地）蔺上卿以国家利益为重，心胸宽广，而我却为争一口气，不顾国家利益，妒忌蔺上卿，差一点铸成大错。今日我特来请罪，希望上卿大量，不记小人之过。

引导学生明白可以通过语言、神态、动作来表达角色的心理和性格，同时角色的语言、神态、动作也要符合角色的地位和性格。

5. 学生完成"故事分几幕表演""每一幕的场景布置和人物出场""每个人物的性格特点"大纲式表格。

【设计意图：通过比较，明白剧本和小说的区别，逐层递进，明白语言还可以借助动作、神态等加以补充，最后通过范例让学生习得剧本的语言要符合人物的性格特点。】

第三板块：舞台编排，确定角色形象

1. 以《渑池之会》为例，讨论怎样编排。请学生从课文中找出主要人物及其特点，并画出人物的语言、动作、神情的相关语句。

2. 分四人小组讨论人物角色的扮演，哪些语言需要转换人物角色等。

　　小组分工明确，编剧负责记录台词、动作、神态，其他同学分别扮演赵王、秦王和蔺相如，一边试着角色代入，进行表演，一边记录剧本中人物的外貌、动作、表情等。通过演员即兴演戏，在台词练习、动作神态编排中进行人物形象的感知。

　　对于编剧新手来说，将第三人称转化为第一人称是一个难点，教师要时常纠正角色转换中的逻辑合理性，同时提醒同学语言要符合角色身份。

　　【设计意图：剧本和小说的一个重要区别就是剧本要构建画面。这个画面需要通过演员的神情、动作、语言来带领观众进入。借助范例让学生对于剧本的形式有一定的了解，然后让学生小组讨论，通过不断地试演帮助孩子建立画面感，使学生兴趣盎然，乐此不疲。这样逻辑思维有了画面的尝试和修正，言语思维的品质就会一步步提升，输出性表达就将更有感染力和说服力。】

　　第四板块：尝试表演，升华角色形象

　　1. 分组表演。先由组长简要介绍演员阵容、时间地点、服饰道具、布景，然后再进行表演。

　　秦王：（放下酒杯，不怀好意地）听说赵王精通音律，今天机会难得，请赵王鼓瑟助助兴，希望你不要推辞。

（赵王不好推辞，只好鼓了一段）

秦王：（鼓掌，高声地）赵王鼓瑟的水平果然名不虚传。（面向大臣）将赵王为本王鼓瑟之事记录下来。

蔺相如：（十分生气，走到秦王面前）请您为赵王击缶。

（秦王装作没听见，继续喝酒）

蔺相如：（大声地）请您为赵王击缶。

秦王：（放下酒杯，瞅了蔺相如一眼，傲慢地）秦国乃中原强国，要本王为你们弱国国王击缶，真是岂有此理！

蔺相如：（瞪着秦王，义正辞严地）您跟我现在只有五步远。您不答应，我就跟您拼了。（说完，大步上前，准备与秦王拼命）

（秦王吓出了一身冷汗，战战兢兢地敲了一下缶）

蔺相如：（回到座位上，对一大臣）今天秦王为赵王击缶，把此事记录下来。

2. 根据表现，观众评戏，评出优秀小演员、优秀剧本。

评价单

一、请你评一评：

项　目	星级评分标准	星级评分
剧本编排	情节对话忠实于文本 有一定的扩充式情节	★★★
	情节对话忠实于文本 有一定的扩充式情节 能体现人物的性格特点	★★★★
	情节对话忠实于文本 扩充式情节富有想象力 能充分体现人物的性格特点 情节衔接紧凑	★★★★★

二、请你想一想：

1. 依据评价表，你最欣赏这个剧本的哪几处创编？为什么？

2. 你认为这个剧本的哪一处创编不够精彩？请提出修改意见。

（1）请学生说一说：你能提出哪些建议，把剧本写得更丰满？

（2）评出优秀小演员和优秀剧本，并说明理由。

（3）学生通过剧本评价单比较系统地思考剧本的合理性和

艺术性，并提出可以通过增加旁白、独白等剧本独有的表现手法，丰富舞台表现。学生通过修改剧本，进一步感受人物的性格特点，提高语言表达能力，并进行第二次正式演出。

【设计意图：通过小说和剧本的对比，让学生在比较中得法；通过范文引路，明确剧本语言的要求；现场表演和颁奖，给写作者和表演者肯定；修改剧本，进一步改善语言的质量。】

六、学教板书

《将相和》分镜头剧本

分镜头剧情	角色	台词	场景设计：语言、神态、动作
完璧归赵			
渑池会见			
负荆请罪			

七、主要特色

本次《将相和》的阅读教学化身为一个剧本课堂，首先是根据对于文本的初步认识，创设了故事情景，让表演和反思始终贯穿课堂，让学生在猜一猜的游戏中习得剧本写作中人物塑造的方法，激发剧本写作的兴趣。

1. 课堂主体的回归。老师把学生带入情境，让学生根据课文的内容、情节、人物的性格，进行剧本的创作。在创作的过程中，学生对于课文的理解在一步步加强，人物性格的塑造也在台词的构思、动作的想象中愈来愈丰满，而这都是在主动参与的过程中悄悄地进行。有声有色的朗读转变为动人的演出，小练笔也化作了剧本的创作，学生作为学习的主体，当他们成为编剧、导演、演员时，他们有充分的才华和激情去写剧本、编剧情、演剧目，他们写作的欲望就这样悄然地激起，而且得到了很好的反馈。

2. 换位思考中习方法。从讨论剧本到表演剧本，孩子始终保持着学习主体的乐趣，是在游戏中学习的方式，所以特别地沉浸其中。通过范文引路，一步步让学生明白如何完成剧本的创作，如何在台词中塑造人物，如何表达人物的特点。学生在创作中也将不断换位思考，想象剧本画面的合理性，想象不同人物的行为动作，并且把日常生活的常识进行迁移，通过反思和想象，为学生打开写作的思路，习得写作的方法。

3. 以即时表演促评价。颁发优秀小演员和优秀剧本奖，将本来高高在上的颁奖典礼放在了教室中，让每一个学生都有参与评价的机会，得到奖项是对作者最大的肯定，会带来不一样的写作乐趣。"评价单"是一个易操作的评价载体，能培养自主评价的意识，帮助学生有条理地思考如何去评价一个剧本。

第三节　"多维创写"广域学习型的操作策略

戏剧表演是语文课程资源的重要组成部分，同时也是语言实践的重要手段。小学中高段戏剧表演的教学，如何进行呢？对于中高段的剧本创编教学，可以从以下策略着手：甄选"文本"，乐于改编；捕捉"素材"，创意编写；转变"角色"，自我评价。

策略一：甄选"文本"，乐于改编

改编课本剧，其实是让学生从再造想象到创造想象飞跃。教育是为了帮助学生们能够准备好进入成人的世界。儿童有自己独有的心理和思维发展特征。在剧本的创作中，教师不能够把成人的想法、思维、逻辑、语言等通过台词强加给儿童，因为这些过于理性的成人化的语言无法融入孩子的学习经验。但是在共同阅读文本的时候，教师又要向学生传达正面的价值观，这就需要教师选择文本和引导教学的艺术。教师需要把主导权还给学生，遵从学生客观的情况，做到既不过分高深，又不浅薄，对学生能构成全新的阅读体验。儿童是阅读的主体，要让兴趣成为剧本写作的内驱力，他们对于文本的喜爱程度会影响到他们对于文本的理解深度，进一步影响他们对于改编的热情，变原先的"要我写"为学生主动的"我要写"。

教师一般选择小学语文教材中，易于表演的具有跌宕起伏故事情节的文本。剧本的核心在于戏剧冲突。戏剧冲突也承担了表现人物性格、推进情节发展的任务。在教学中，教师利用戏剧冲突实现学生对于人物的理解，唯有对人物有更深刻的理解，学生引发自己内心的冲突，才能转变角色，走向共情，把自己的感受勇敢地表现出来，从而得到用心改编的剧本。教师通过启发学生想象，引导孩子进行二次创作，让人物更丰满。选择好文本后，还需要对文本进行改编，通过改换或增加故事角色、改编旁白和心理活动、增添情节的趣味性等多种方式进行。

在对比剧本和叙事性文本的过程中，学生会发现剧本改编的方法。第一，学生可以直接取材于原文的文本，将它改编为对白。第二，学生可以通过阅读，进入情境的空白处，大胆想象。在故事中，由于篇幅的限制，文本会有对话的省略。假如这个对话对于角色的塑造和情节的发展可以起到推动作用，教师就可以鼓励启发学生去挖掘和想象。以课本剧《负荆请罪》为例，课文的结尾写道，蔺相如拿了一件衣服替廉颇披上，俩人紧紧拉着手，坐下来亲密地交谈起来。文章里并没有说他们交谈了什么，教师可以从课文入手，启发学生去大胆想象这两个国之重臣可能谈话的内容，或许是对过往的回忆，或许是对国家未来的谋划，只要是符合人物个性和场景逻辑的台词，都可以进行创编。同时也要注意符合剧本的格式。这样对于台词空白部分的创编，由于需要符合前后文的人物关系和发展，需要学生对于课文有着深入的理解，而在创编过后，这样的理解无疑又会深入一层。第三，在剧本编写的过程中，可以鼓励学生使用在课文中已经学会的说话方式或者课文中的关联词。这样的表达实践丰富了学生语言使用的技巧，让他们的表达能力更上一层楼。

策略二：捕捉"素材"，创意编写

身临其境，方能"情动而辞发"。剧本的创作来源于生活，观察捕捉生活中的镜头，或许是学校活动中的一次意外，或许是放学路上的一件好事，都可以成为笔下的故事，成为编写的剧本。学生又是课本剧演绎的主体，剧本的编写离不开学生的感悟与体会，我们注重让学生留心生活点滴，童眼看世界，童笔写生活。

在故事文本中，经常会有一些描述性的语句很难用台词来体现，如果直接用旁白，又不够有表现力，这些空白的角落正是学生们想象力放飞的地方。当要表达丑小鸭的孤独时，有学生提出丑小鸭在屋内一个人缓慢跳舞，而小鸭子群在屋外玩耍，通过这样直接的对比，一快一慢，一明一暗，来表现丑小鸭的孤立无援。这就是学生对于文本描述性语句创造性的创编，这样的创编离不开他们的生活经验。日常的生活、阅读和影视剧为孩子提供了很多潜在的题材，学生需要一个合适的管道来释放和输出，得到创作的乐趣。学生能够以孩童的视角，去观察社会，用自身经历去诉说温情的故事。让身边的事，成为学生笔下的剧本，更能够入情入境地引起孩子们的情感共鸣，文思如泉涌。如改编《三只小猪》的过程中，学生将可恶的大灰狼重塑成了一只心地善良但受到误解的小灰狼，当狼的好心受到误解，怎么都解释不了的时候，学生在进入情境后做出的创作是小狼哭得很伤心，这正是孩子们受到误解时的真实反应。

又比如在创编儿童剧《森林旅行记》的时候，教师从学生的生活经验入手，告诉学生这个剧本就是由他们创作的，由他们自己来编写剧情，通过巧妙设问鼓励学生畅所欲言，将自己的亲身经历、生活场景编入其中，结合水电、废气、垃圾分类、废旧再利用等几项环境问题进行创编。在创编的过程中，结合渗透科学、社会、语言、艺术、健康等各领域的教学活动，开展一系列低碳主题课程，学生在与生活环境的直接互动中，体验、感受环保的重要性，接受低碳教育。学生与教师一起变废旧材料为各领域教学的操作材料和布置教室的道具，为童话剧创设布景、材料等。结合校本节日课程，学校开展一系列低碳宣传活动，如3月22日世界水日，来到生活的运河边检测水质，懂得保护水的重要性；3月12日植树节，开展"护绿爱绿"活动，去小区公园种树；9月22日无车日，上街宣传不开车，节能减排……这些活动不仅拓宽了学生的视野，便于把自己的所见所闻编进剧本里，更是在活动中真实感受到不少低碳生活理念，懂得低碳的重要性。随着学生对环境问题认识的不断深入和体验，他们会有新的想法来生成剧本里面的新情节，使剧本更加丰满和有趣。

策略三：转变"角色"，自我评价

平时的创编中，教师应鼓励儿童对剧本进行个性化的解释和评价，鼓励孩子在文字表达方面有自己的特点，可用图文结合的方式，也可用无字连环画、图文表格式剧本等形式创编，鼓励个性化的评价。同时，在一次又一次的排演过程中，学生可以根据灵感对台词进行一次次预演和修正，以找到最适合舞台的动作、表情及台词。

如何对剧本评价呢？最好的办法莫过于创编剧本完成之后，组织孩子到舞台上进行展演，展演过后，请孩子自己对自己的剧本进行评价。在学生将故事改编成儿童剧本后，只有通过舞台的演出才能显现其独特的魅力。根据这一特点，我们把评价的重心放在剧本的表演中，通过观众点赞的方式来评价"小演员"的水准。我们建立微信群和公众号，让孩子为自己最喜欢的小演员投上一票，然后推选出最佳剧本和最佳演员。在这样的评价中，让学生体验到成功的喜悦，学生在多方鼓励下，获得表达的成就感，更激发自身对语言表达的动力和兴趣，让表达毫无心理阻力。

第三章 "互动展演"项目学习型

　　戏剧，是与语文学习密切相关的一种文体，学生们喜闻乐见而且富有趣味，符合新课标中"在实践中学习、运用语文"的要求。通过这样有趣味的语文活动，学生们能够在老师的指导下，在小组合作中学习语文、探究语文的各种形式。这样的语文教学除了对学生传授各类语文知识之外，还能够培养学生的核心素养，对学生的全面发展有着极大的促进作用。儿童剧是一种舞台的故事表现形式，把语文学习中叙事性的文章改编为戏剧的形式，以戏剧语言来表达文章主题。它适应儿童特有的情趣、心理状态和思考方式，思想鲜明，形象真实，情节生动，对儿童观众进行美的陶冶，是一种不可多得的学习形式。

　　学生在经历"多维创写"广域学习型课堂之后，就需要进行剧本改编，把剧本搬到舞台上，进行实践性表演。"互动展演"以学生为主体，学生分组建立小剧组，分工明确，包括导演、道具负责、演员、舞台负责等，学生根据自己的兴趣和特长领受不同的任务，甚至可以身兼数职，参与面广，人人可参与。它是一种能够最大限度调动学生参与热情和学习主动性的语文活动，不同于课堂的互动，它让每一个学生都能在这个活动中找到自己的位置，争取人人都有参演的机会，从而加深学生对于学习内容的理解，提升每一个学生的综合素质，让学生真正成为学习的主人。

第一节　"互动展演"项目学习型的课型特征

　　"互动展演"项目学习课型是学生在经历剧本改编之后，把剧本搬到舞台上，进行实践性表演。"互动展演"项目学习课型基于语文教材的学习，引导学生认真研读课文，在学生了解课文内容、理清情感线索的基础上，把文章最为精彩的部分或自己最喜欢的部分进行充分研读，细细体会作者的内心感受，并以此为基础通过编写剧本、挑选演员、编排演出等环节，最后用戏剧的形式展示呈现。亲历学习是学生学习的重要方式，它融于生活，注重身心合一的过程体验，学生在亲历过程中体验多种情感，积累经验，习得技能，发展多方面能力。

　　剧本表演的一个重要环节就是成果的呈现。合理开展儿童剧本编写与成果展示，可以充分调动学生学习的积极性，有力地促进学生的主体参与、合作学习、整体发展及反思，是"全面提高学生语文素养"的有效途径之一。"互动展演"是学习评价的一种体现，在展演过程中把集体表演、个人才艺展示与艺术素养评价穿插进行，具有十分重要的价值。"互动展演"以过程性评价、即时评价为学生参与活动的评价方法。教学评价方面，主要看学生学得怎样，而不是看教师讲得怎么样。了解每个学生的参与情况并及时进行反馈是教学活动中最为重要的一项工作。整个活动开展中尊重和保护学生的参与热情在儿童剧创编学习过程中非常重要，教师要给表现优秀的同学积分或给予相应的口头表扬或奖励，过程性表扬应该是课堂上的常态。

"互动展演"项目学习课型具有以下特征。

一、舞台性

儿童剧是戏剧的一种表现形式，兼具文学性与舞台性，是二者的综合体。一般来说，戏剧的文学性主要依托于剧本，是构成舞台表演的基础和框架；而戏剧的舞台性则以其文学性作为支撑，遵循剧本中设定的故事情节的发展脉络，以高度凝练的方式展现在有限的空间内，最终在特定的舞台情境下实现戏剧的文学性与舞台性的统一。

检验剧本好不好，最直接的办法就是到舞台上表演。学生儿童剧的展示演出，既是对剧本可行性的检验，更是对剧本的二次创作。舞台这个实时的平台是对前期工作的展示和验收，也是学生的展示平台，促进学生的自我表达，尤其对于平时比较内敛、不习惯公开表演的学生来说，是一个很大的机遇和挑战，对于外向的同学来说就更是他们表现的舞台。这是语文学习的输出和运用，是语文学习的生命力所在，在实践知识的同时，更能发掘学生的各种可能性。表演者从言行举止动态地将原本静态的文字呈现出来，演绎出角色的性格特点，同时观看的学生也能够直观地感受到文本和舞台的力量。这样传递的力量是直接而强大的，学生的付出可以直接得到回应，带来巨大的成就感，成为他们生命的养料。学生自主决定舞台的展现方式，他们甚至可以在戏剧完成后进行一场新闻发布会，增加自我陈述和接受提问。这锻炼了学生的临场反应能力，也是"人生如戏"的很好延伸。

二、多元性

儿童剧是融文学、舞蹈、体艺为一体的综合艺术，需要把各种艺术表现集中到舞台的表演中去。戏剧表演的实践活动是以剧本为依托，以课本为原点，将所有实践活动向舞台呈辐射开去。戏剧这个复杂的形式契合儿童强烈的探究欲望，要求学生在实践中将其与文学、表演、音乐、美术等多学科有效结合，是项目式学习的好平台。学生会创造性地准备道具，比如在《范进中举》中有范进集市卖鸡的情节，学生自然不会用真鸡做道具，他们准备了一些鸡毛，用一团衣服来代替鸡身，通过演员的叫卖动作和爱怜地抚摸鸡毛来让道具栩栩如生。还有道具组使用吹气的塑料袋插上纸剪的鸡头，抱在表演者的怀里，鸡的感觉就出来了。这些都离不开道具组的尝试和智慧。

学生经历了一开始的剧本学习和剧本改编，到挑选演员、准备道具、搭建舞台等，在有趣而实践性强的活动中体验别样语文。他们变身为导演、编剧、剧务、演员等，各司其职，在合作中磨合交流，有争吵，有妥协，有说服，学着独立思考，学着解决矛盾，操作起来有模有样。他们不仅在课堂上抓紧时间排演，更在课下小聚，乐在其中。通过对剧本的共同商讨、演员的舞台表现和台词表现以及剧务们共同制作表演时需要的道具，学生不仅训练了语文的综合素质，更是不断认识自我，学会处理和自己及别人的关系，建立自信和信任他人。

同时，戏剧对于观众的审美要求也很高，同学们要具备一定的鉴赏能力，在独立思考中才能了解主创人员的用心设计，弥补剧本和舞台上的不足。戏剧就像我们的人生一样，没有标准答案，只有不断地打磨和精进。

三、重表现

矛盾冲突如何在舞台上通过表演展现出来？舞台的表现力越好，越能把剧本中人物的矛盾冲突、人物动作等淋漓尽致地呈现在观众面前，产生扣人心弦的效果。而且语言是语文课的根本，戏剧表演更需要品味语言，在这一点上它和语文课的目标是一致的。语言准确了，表演的感染力就能够更胜一筹，剧情的完成也就水到渠成了。

　　这样的表现力离不开剧本细节的打磨，也离不开演员的用心体会。人物对话的表演是重中之重，学生通过语言上不同的语调、速度、节奏、停顿，突出人物性格，推动情节发展。表演上的准确性，不仅仅在于外在的举止和台词的准确，更在于学生对于人物思想感情闪耀的瞬间的把握和传递。没有情感的理解，表演只能浮于表面，打动不了观众。因此，要激发学生的语言、声调、表情及情感，在台词的叙述中将自身的各种感官都融入进来，同时，运用音乐、舞蹈等舞台表现手法，成为展现人物个性、延展故事情节的依据。比如在《三顾茅庐》的剧本改编中，学生选择用脍炙人口的周华健的《朋友》改编曲作为表演开场，"这些年，咱三人，风也过，雨也走，有过泪，有过错，到现在拥有什么？奋斗过，才会懂，成大业，要智谋，有勇士，有军师，能成功"。歌曲立马掀起了观众的共鸣，不仅因为熟悉的曲调，而且学生的改编巧妙地将整个故事脉络梳理清楚，还为接下来的故事做了情节和感情上的铺垫。这就是音乐和表演的结合，体现了学生们的想象力与丰富的创意。

第二节 "互动展演"项目学习型的课例研究

"互动展演"项目学习课型基本上可以按照以下的流程进行操作。

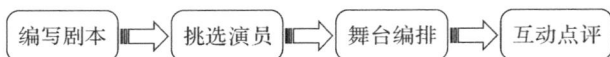

编写剧本 ➡ 挑选演员 ➡ 舞台编排 ➡ 互动点评

"互动展演"项目学习课型操作流程图

一、编写剧本

剧本的编写要遵循学生的认知规律，编写内容由浅入深，从易到难，循序渐进。同时，剧本要具备艺术性、开放性、趣味性，从学生的兴趣着手，达到儿童剧育人的目标。教师要了解学生的心理，在了解孩子天马行空的想法的同时，既不可以以大人的角度去评判学生的一些不切实际的想法，又要做到多和学生交谈，了解他们对什么感兴趣，多观察身边的学生。

不少儿童剧的编演，是基于叙事性强的故事和一些小说，或者基于故事性课文。在引导学生进行儿童剧内容选择时，要注意所选取的内容需要满足故事性强、演绎难度较低的特点。因为在众多课文中，不同的课文所教授给学生的知识点都是不同的，一些散文和议论性的课文就不适于演绎；一些故事类的课文，学生比较容易抓取课文当中的发展脉络和人物特点，能够较为简单轻松地进行演绎。这种类型的文本，人物的个性比较鲜明，在编与演的过程中，要运用适合人物个性的一些语言。学生要编演好儿童剧，就必须对课文进行认真阅读，理解内容，思索剧本中的人物形象应该如何塑造，语言的风格是怎样的，如何走入角色，从而选取对应的表演技巧，突显人物性格特点。剧本创编的关键在于"创"，因为文体的不同，要求学生在充分理解课文内容的基础上，把握课文主体和角色特点对故事的空白处进行自主创编。学生需要结合合情合理的想象对文本内容进行删减，而不是完全的因袭，同时也要融合自身的生活经验和情感体验。比如在《狐狸和乌鸦》的剧本创编过程中，就要在剧本说明中加入狐狸的谄媚、走姿甚至语调的变化，通过想象这样的细节，把狐狸的狡诈表现出来，如果没有这些，很有可能乌鸦就没有那么容易上当了。

因此，"互动展演"项目学习对学生理解课文、加深记忆是有很大帮助的。语言的表达与运用能力，是学生通过一次又一次的语言实践才能提升的。

二、挑选演员

角色和情节是文艺创作的两个核心要素，是构成作品的基础，但角色处于更重要的位置。原因是角色更形象化，更直观，观众容易快速地认可和被吸引。儿童剧演出中人物角色个性化是关键因素，只有那些闪耀着个性光芒的艺术形象才能真正打动观众。儿童剧演员的选择首先要考虑演员本人的综合素养是否符合剧情的需要。在分小组创演的过程中，演员的选择非常重要。导演根据剧中人物的要求，根据同学的外貌、身高、个性和表现力（舞蹈和唱歌）等，匹配相对合适的人选。如果有数个候选人，可以开展"演员见组"来试戏，以了解学生是否有意愿和有能力将目标角色扮演好。

很多学生并没有多少表演的经验，"导演"也是第一次做导演。课本剧表演的实践研究从一开始就是学生自己的"试验田"，但是他们有生活中观影的经验可以迁移到剧本的表演中来。比如同学们在筹备《三顾茅庐》剧本表演时，"导演组"对演员的选取也体现了人物性格特点。扮演刘备的同学平日里就很沉着稳重，说话慢条斯理的，办事很有老大哥的范儿。关羽的扮演者文武双全，全身一股义薄云天的气概。扮演张飞的同学本身皮肤就比较黑，平日里就藏不住话，脾气火爆，声如洪钟，办事还有点着急毛躁，是个嘴上心里搁不住事儿的主。而诸葛亮的扮演同学在班级里本来就是智多星，且风度翩翩，穿上服装道具组准备的一袭白衣，活脱脱就是那个谦逊潇洒的隐者诸葛亮。这样的演员选择说明学生已经对角色的性格特点有了深入理解，甚至已经和演员的自身特点相契合，这样表演起来更有事半功倍的效果。

在演员选择的过程中，不可避免地会有数个同学选择同一个热门角色，在这样的情况下，不仅仅是演员特质和角色契合度的比拼，也是沟通能力的考验。对于演员来说，能否接受选角的失败是对自己能力和情感的考验，情绪的稳定和灵活应变能够帮助演员走得更远，能够帮助剧组呈现更好的舞台效果。对于导演来说，能否镇得住剧组，能否和组员进行有效沟通，是导演的艰巨任务，不论成败，都会成为人生珍贵的财富。在这一过程中，教师需要实时和导演沟通，进行指导，必要时对学生进行心理疏导，帮助学生推进项目的顺利进行。

三、舞台编排

不同于其它类别的活动，课本剧需要特定的服饰、道具等来体现人物特征，营造剧情氛围，所以每个作品都需要许多人的通力合作。儿童剧的展演主要以对话、歌唱、舞蹈等方式进行。要保证演出顺利，需要提前进行舞台编排，让表演、舞美、灯光等融为一体。首先是"场景模拟"。场景模拟能够让学生产生身临其境的感觉，在儿童剧的环境创设时，可以把整个教室原先的布置完全打破，充分利用三维空间打造成剧本情境，包括教室的整体风格、墙面装饰、区域环境等，让学生通过设计场地布景，缩短剧本与现实的距离，将场景映射到自身现实生活，产生场景共鸣。其次是现场的排练。先让学生演员熟悉了解儿童剧的故事内容，再根据故事的情节进行学说角色对白，开展简单的舞蹈、歌唱等表演，然后采用肢体语言等多种形式进行故事演绎，使学生在这样的声音、图像、真人表演中有更深切的感受。最后是全方位的感官体验。全过程地编排剧本，感知故事，轻松复述故事，并且乐意模仿表演。例如教师在开展《小蝌蚪找妈妈》课本剧活动之前，请学生为自己的角色制作一个面具或是头饰。亲手制作的道具，可以帮助学生在表演课本剧时更加浸入舞台。教师还在教室中布置出了不同的功能区，用来仿造课文所描述的池塘中每一个不同的场景，从而让学生在一段时间内沉浸在这个剧目中。这些耳目一新的布置极大地激发了学生的动手、动脑能力，也提高了其分析和解决现实问题的能力。

演员首先要过的是记忆台词关，不仅仅要熟记自己的台词，最好还要记着对方的台词，以备对方忘记时巧妙地给予提醒。在第一次课本剧表演教学时，很多学生竟然带着书本上台，不断地打开书本来看台词，自然不可能有很好的舞台效果。台词都不熟悉，更谈不上琢磨表演的动作和表情，表演效果自然大打折扣。随着表演经验的积累，学生的兴趣与日俱增，开始越来越重视舞台的表演，开始写小抄来提醒自己，表演效果有了很大的改善，但还是不够自然。到后来，学生的表演更加熟练自然了，也能够顾及表情和动作。实践出真知，表演实践告诉他们：只有熟记台词，才能自如发挥，有好的表演效果。

在舞台的编排过程中，音乐、场景布置、道具等对于创设情境也有重要的作用。在课本剧《公仪休拒收礼物》中，学生亲手制作的道具就是点睛之笔——方便面桶、酒瓶盒子、纸袋糊的帽子、硬纸壳做的竹简、纸条做成的胡子，能帮助他们进入角色，有模有样地表演难忘的剧本。

四、互动点评

"互动展演"以学生主动参与交流、师生互动为课程实施的核心环节。教学中，教师的"教"是为了学生的"学"。"互动展演"项目学习型课堂要创造一切条件，引导学生主动参与学习，使学生真正掌握学习的主动权。教师在起主导作用的同时，必须最大限度地发挥学生的主体作用。在这样的课堂上，往往需要呈现学生主动参与的状态。

怎样才能让学生积极主动参与学习呢？首先要放手让学生说。好的指导不在于老师灌输式的讲解，而在于学生能够主动去理解、探索、记忆。要鼓励学生积极发表自己的意见，不完整的可以补充，不清楚的可以适时追问，不同的想法各抒己见，并可以争论。对学生发表的不同见解，教师不轻易否定，而是追根溯源，让他们说出自己的见解。其次是放手让学生做。"儿童的智慧集中在手指尖上"，这个说法是有道理的。在编演活动中，应放手让学生去动手、动脑探索事物。学生天生具有好奇、好动的特点，他们愿意参加形式多样的活动。因此，教师要在教学中充分利用直观教学，让每个学生在学习过程中，都有动手操作的机会。

意大利教育家瑞吉欧说："接过孩子抛过来的球，并抛还给孩子。"笔者认为，教师和学生之间的互动其实就与抛接球的运动一样，当孩子的行为、兴趣点发生变化或是向教师提出问题时，这个"球"便向教师抛了过来。教师应及时回应学生，根据学生的学习发展变化，随时接住不同的"球"，并将其抛回给学生。只有这样才能使"互动展演"项目学习型课堂的儿童剧创编活动顺利进行。

评价是促进学生全面发展，促进教师不断提高，促进课程不断发展的重要手段。《义务教育语文课程标准（2011 年）》也明确指出，语文课程评价的根本目的是促进学生学习，改善教师教学。语文课程评价应准确反映学生的学习水平和学习状况，全面落实语文课程目标。应充分发挥语文课程评价的多重功能，恰当运用多种评价方式，注重评价主体的多元与互动，突出语文课程评价的整体性和综合性。"互动展演"的儿童剧创编教学，在评价层面主要突出过程性和表现性评价的方式，也是践行了语文课程标准的基本理念。

儿童剧展演的评价区别于学科教学点评价，"互动展演"项目学习的核心思想是强调教学要融入师生的生命（情感）体验，让学生的项目学习过程成为创造美的过程。基于此，儿童剧展演就不是一个纯客观的环节，而是以较丰富的思想来表达和抒情，以独特的生活经验、思想感情、个人气质、审美能力及演出才能等来创作的过程。《义务教育语文课程标准（2011 年）》指出：坚持以生为本，要求在师生平等对话中展开教学。"互动展演"项目学习更多的是学生与老师的互动。从组织形式上来说，互动可以有多种形式：同伴互动、小组互动、全班互动、师生互动等。

案例：根据动物主题创编剧本《没有需求就没有杀戮》

一、教材解读

《没有需求就没有杀戮》作为"互动展演"项目学习型的剧本，本身是一种项目式学习。项目式学习是以项目为载体、以学生为中心的一种对主题或专题进行深入研究的教与学的实践模式。项目式学习以问题为导向，使学习者通过自主、探究和合作来解决问题，在学习的过程中自主进行知识的建构，获得新知识和技能，从而形成自主学习的强烈欲望和动机。项目式学习意在培养学生的知识建构能力、自主学习能力、创造力、团队合作能力、批判性思维能力。这个剧本用孩子弱小的身体、稚嫩的表现，配合音乐、视频、诗歌，呼吁人类应该爱及生灵、尊重生命，一起去保护动物、善待动物，共同促进人与动物的和谐发展。

二、学情分析

高段学生的学习能力分化明显。优秀的学生有很好的阅读积累和阅读习惯，通过多读书、读好书，阅读水平持续发展提升。部分后进生会比较缺乏自信心，不敢在课堂上举手回答问题，怕自己得不到认可。但是基于儿童的发展特点，戏剧是一种能够大力发挥学生主观能动性，学生愿意尝试和表达的趣味实践活动。戏剧的特殊形式让学生可以脱离现实，走入一个全新的角色、全新的性格，学生通过"演技"的提升，在理解角色情感的同时，更能够增加其在现实生活中的共情能力，提升沟通和表达能力。同时，戏剧除了语言能力的提升，在准备道具等综合的环节，也能有效提高学生的自信心，培养学生的成就感。

三、设计理念

儿童剧的展演让学生看到并参与到整个儿童剧的编演过程中，经历从无到有的创造过程，这样能够发挥戏剧艺术的最大功效，给学生以心灵上的感染和陶冶，体验精神上的愉悦与舒适。但是，我们也要意识到，它的创作和演出有着许多不同于成人戏剧的特殊艺术规律。儿童剧的剧本编写是以教材作为切入点，引导学生将文本主旨及作者所传达的感情，通过多样化的方式进行表达、演绎。

四、目标设定

基于以上的教材解读，对于本课的教学目标，做了以下的设定：

1. 通过共读沈石溪的动物小说，能够用小组合作的形式编写完成剧本。

2. 根据剧本的要求，学生在小组内分工，制作道具和舞台编排。

3. 学生能够将剧本搬上舞台，进行演出，并且互相评价，激发对戏剧的兴趣。

4. 学生能理解并感受到"尊重动物的生命，爱护动物，共同发展"的主题。

五、学教设计

第一板块：主题阅读，创编剧本

1. 图片导入。教师出示沈石溪动物小说的各种图片，请同学们猜一猜今天老师把哪些小动物请到教室里了。

预设：《斑羚飞渡》中垫底献身、悲壮感人的老羚羊；《最后一头战象》中临终重返战场、催人泪下的嘎羧；《狼王梦》中为了实现梦想不惜牺牲的紫岚等。

2. 围绕动物的话题，展开讨论。请学生围绕这些小动物，说一说喜欢这些小动物的原因，留下深刻印象的主人公及其性格特征。

预设：斑羚有情，骆驼有义，骏马宽厚，大象柔情。

3. 构思展现人与动物关系的剧情。（1）播放人与动物关系的视频，比如人们为了鱼翅而捕杀鲨鱼，为了皮毛而捕杀鳄鱼等，启发学生思考。（2）请学生说一说，假如你是那条鲨鱼，你是那只鳄鱼，你会有什么样的感受？你想对人类说什么？

4. 尝试编写剧本。（小组内合作完成）

【设计意图：通过学生熟悉的内容导入，激发学生对动物很多品质的赞赏，然后用生动的画面、绘声绘色的讲解，不知不觉把学生带入到学习的氛围中，激发学生对人与动物关系的思考。用换位思考，将学生带入动物的情境，从而使学生走进动物的角色，开始剧本的创作。】

第二板块：确定剧本，挑选演员

1. 确定剧本主题：保护动物，善待动物，与动物和谐发展。（1）学生互相阅读编写好的剧本，投票选出最喜欢的剧本，并进行修改。（2）教师在学生修改完成的基础上，进行进一步的润色和补充。

2. 根据剧本《没有需求就没有杀戮》的角色需要，挑选演员。

第三板块：准备道具，舞台编排

1. 学生根据剧本的需求，自己尝试制作道具。

2. 学生按照演出的角色进行舞台编排的分工。

第四板块：模拟演出，互动评价

1. 教师为学生提供舞台，让学生尽情演出。

2. 互换角色，从演员到观众，互相评价。

3. 修改剧本和舞台动作。

第三节　"互动展演"项目学习型的操作策略

"互动展演"项目学习型学教是基于问题的驱动，有一个驱动性的问题或者主题，用来激发和组织学习活动，学习活动是整个项目学习的主体。"互动展演"项目学习型学教有一个或者一系列的最终作品，而且作品是小组学生之间共同交流和讨论制作的结果，学生在交流和讨论中进一步反思、实践、巩固、总结，得出结论和发现一些新问题。"互动展演"项目学习型学教开展小组合作，学习活动是项目式学习的主题，而项目式学习又强调学习活动中的合作，小组成员常常就一个问题交流、讨论、协作，共同解决问题。"互动展演"项目学习型学教需要认知工具和信息支持，学习过程中需要运用多种认知工具和信息资源，比如剧本，就是学生完成学习活动的关键点。

"互动展演"项目学习型学教是在学生形成跨学科理解的基础上，通过收集、整理资料，结合语文教材文本的特点，组织、运用合适的语言进行儿童剧的编创和演出。通过丰富多彩的儿童剧实践活动，使学生感受文化的风采，培养学习兴趣，潜移默化地巩固基础学科知识和能力，培养学生的审美能力，也增强学生的表现力，树立阳光积极、充满自信的心态。

儿童剧本"进阶式"深阅读通过展演的形式呈现，主要有以下几个策略。

策略一：互演互评，乐在其中

当确定剧本之后，课本剧表演一般是分组排演，唯有互相帮助、合作交流，一起完成对文本的解读，不断地磨合和尝试表演，最后才能同台演出，献出一台动人的表演。小组成员之间除了台下准备过程中的群策群力，互相帮忙，表演时也需要互相配合，互相补台，尤其是巧妙暗示对方忘记的台词之类。比如，在《鲁提辖拳打镇关西》的表演中，小组决定由男生反串来扮演金氏女子，男同学一上台还未表演就引起了台下观众的一片笑声，这样的开始不利于他们表演的氛围，所以小组成员坚持不笑，以无声语言有力地支持组员的反串表演。因为有组员的支持，反串表演最后得到了很高的评价，获得了认可。

赏识是孩子成功的源泉，这种赏识，不仅仅来自老师，也来自同学。老师的肯定，极大地鼓舞着孩子们，能使他们更有兴趣。学生之间的互评，能更好地去理解对方，"小达人"们畅所欲言，能够营造良好的学习氛围，助跑思想的跳跃，也促使他们产生浓厚的兴趣。

教师不仅仅要重视"演"的训练，也要重视"评"的训练，要引导学生对剧本内容、演员表演等多方面进行自我评价和互相评价。这样的评价可以帮助学生明白不足，总结经验。戏剧的评价可以从剧本的改编和表演的效果两个方面入手。在戏剧观演之前，教师可以请学生自己制订对于一场优秀戏剧的评价标准，因为他们在戏剧排演的不断练习过程中一定有好坏评价来帮助他们精益求精。制订评价标准可以帮助他们将感性的意见固定下来，教师也可以通过对学生评价标准的把控来提供表演的指导。比如在10分总分制的情况下，把握剧情完整主题为4分，演员的言行表情为4分，舞台道具为2分。观众对于戏剧完成后给出自己的评分，也可以评出最佳演员、最佳导演等。这样戏剧的表现力就通过这些可视化的工具体现出来了，评价以学生的自评反思为主，教师和同学的评价以鼓励为主，保护学生的参与积极性，为下一次实践活动做准备。

教师还要特别考虑组员的参与情况，特别是平时比较内向、不太爱发表意见的学生的参与程度。在展演的过程中，教师要提供更多的机会,鼓励他们参与到活动中来,做到对过程的"重体验、重感受"。教师的适度点评和鼓励,能够帮助学生推进演出的进行。

策略二:舞台展演,更添兴趣

课本剧还应让孩子粉墨登场,精彩呈现。平台展示,能进一步激发学生的创意与想法。学生用丰富的艺术形式再现自己创编的剧本,舞台的展演让孩子更添兴趣,更加自信。

语文课程是一门实践性很强的课程,而培养学生语文能力的最好途径就是语文拓展实践。《义务教育语文课程标准(2011年)》指出,语文课程是具有实践性和综合性的课程,并且建议语文课程建设"应密切关注现代社会发展的需要,拓宽语文学习和运用的领域,注重跨学科的学习和现代科技手段的运用,使学生在不同内容和方法的相互交叉、渗透、整合中开阔视野,提高学习效率,初步养成现代社会所需要的语文素养"。学习是一个持续的过程,在这个过程的每个阶段,学生都需要掌握相应的学习技能。我们既要对学生跨学科单元的产出进行总结性评估,更要对学生的学习过程和掌握学习技能的情况进行形成性评估。代表汇演通常会选出表演较为出色的学生在全班、全校、全区这样比较大的舞台上进行演出,这样的表演方式会激发学生"争强好胜"的天性,获得巨大的成就感,而且起到模范带头的作用,从而激起其他学生的参与欲望。

策略三：师生同台，交流互动

儿童剧的编演，不会一蹴而就，它需要教师去了解和知晓戏剧的一些特点，培养和提高自己的文学素养。教师只有具备了一定的戏剧方面的知识，才能更好地去指导学生编演课本剧。当然，这也是建立在熟知文本内容，知晓文本主旨的基础上的。教师要做好教材与戏剧的结合，让学生在一次又一次的编演过程中，能有所提高、有所进步。教师除了对学生改编的剧本进行指导外，还要给他们提供表演的机会与时间，对他们的表演能力进行简单的培训。展演时教师也可以同台互动，一起演绎精彩的故事。

课本剧表演时，教师可以与学生一起进行角色分工，甚至参与到课本剧表演中来。在角色分工时，导演要充分考虑学生个性与人物性格的契合性，以确保课本剧的表演效果。教师在必要的时候也可以成为演员，和学生一起演出，为学生助演，这都取决于当时的教学需求。比如，教师的示范可以为演员的表演提供灵感和启发。

学生通常都会很喜欢教师参与到表演活动中，不论是示范还是陪伴或是鼓励，都可以极大提升学生的参与热情，使他们获得特殊的情感体验。教师要抓住学生这一心理，合理运用，适时参与到与学生的互动交流之中，保证展演的顺利进行。比如在展演时学生意识不到语言的简练对于演出效果的重要性，当教师试着站在孩子的位置上，做出精确语言的示范，通过对比让学生感觉到简洁语言的力量，就能真正有效地把知识和技能传授给他们。

教师应当以生为本，"蹲下来"用学生的语言与学生进行互融。活动开展时不仅备活动素材，还要备学情，充分了解学生的知识储备、思维程度、表现能力等。我们要懂得学生，懂得学生特有的心理活动及思想感情，善于发现并发挥学生潜在的创造力。与学生一起展现自己，就是把我们变成孩子，才能懂得他们。用学生的大脑去思考，用学生的眼光去看待，用学生的情感去体验，用学生的兴趣去爱好，用学生的语言去交流，才能做到师生互融。如果在展演过程中，能善于运用学生的语言与学生进行交流，不仅能让学生感受到老师的亲和力，拉近师生之间的距离，还能有效促进教学效果的提升。

后 记

　　我鼓足勇气写完了这本书，当最后一章最后一节画上句号的那一刻，内心百感交集。这是我第一次独立地写一本书，既紧张，又兴奋。说实话如果没有学校领导一次又一次的鼓励，没有吴燕萍校长的大力支持，没有师父王斌老师的从旁指点，没有同伴们的鼎力相助，我恐是没有勇气把书稿一气呵成的。所以这里特别感谢学校领导，感谢师父，感谢在我著书中给予我帮助的同事高雅、姚晨威老师，徒弟姚蕴春老师，好朋友张菊芬老师。

　　其实，想写这本书也不是一时半会儿的念想。2014 年，我第一次有机会带我教学生涯中的第一个一年级，为了让这批小幼苗成长得更好，我早早地做了六年的成长规划。其中阅读的序列指导占了很重的比例。一年级开始，我就带着孩子们念儿歌，诵诗文，读绘本，编绘本。在阅读的路上，我乐此不疲，孩子们也学得异常起劲和兴奋。带着这群爱阅读的小豆豆，从此，我走上阅读研究之路。

　　2015 年，我把自己的研究成果写成了论文《关注读　有梯度》；2016 年，我撰写的"童心教育理念下'进阶式阅读课程系'的设计与实施研究"课题方案被列为省规划课题。这大大地鼓舞了我和孩子们，我们继续朝着自己的阅读之路前行。我们常常一边挑选阅读的书目，一边策划读书的方案；一边研究阅读的策略，一边记录研究的成果……

2018年暑假，长长的两个月，我哪里也没去，把这些年积累下来的资料和课例等进行了归类，并整理了自己近年来阅读的研究所得，潜下心写了近3万字的课题成果《三轨三型：基于儿童立场"进阶式"深阅读学习范式的构建与实施研究》，最后获得了浙江省优秀科研成果一等奖。这是对我们阅读研究的褒奖，更是对孩子们阅读成长的认可。

课题研究同时还带动了课堂，形成了课程，提升了学生语文素养，带动了教师科研能力。我们以课程标准为基点，根据不同年段学生特点，构建了适合不同年段学生阅读的课程系，引导学生从一篇到一本，从一本到一套，从一套到一系列……深度阅读激活了儿童的阅读思维，激发了儿童的阅读潜能。以儿童诗歌、儿童故事、儿童剧本为重点的研究项目，分别在低、中、高三段展开。在研究过程中，我们的老师能关注阅读能力培养的循序渐进，能关注读写的扶放结合，能引领孩子阅读的逐步深入，逐渐形成了本校特有的阅读范式。

我们对孩子阅读的喜爱程度前后进行了对比，发现阅读的兴趣明显比之前有进步，而且在选择诗歌、剧本等一类作品时，阅读的品味更高了。儿童诗歌，孩子们从一开始的不太喜欢到慢慢喜欢，说明他们已经掌握了一定的诗歌鉴赏能力和诗歌创作能力。儿童故事的喜好程度变化并不大，冲击力最大的是儿童剧本，我们了解到孩子因为可以在舞台上进行演绎，所以特别有兴趣，而这是孩子乐于去研读剧本的根本动力。

　　由老师指定阅读书目校内读，到回家津津有味自由读，在我们学校，阅读已蔚然成风。阅读不再仅仅关注故事情节，孩子们还会从写作背景入手去思考作者的意图，会从语言形式去研究体会表达的秘妙，会从同类主题文本去寻找异同，因此阅读的能力大大提高。之前学生阅读几乎是"走马观花"，导致阅读与表达严重脱节。在不断研究的过程中，学生阅读"量"在不断扩大，"质"也在不断提升。最明显的一点，学生的积累丰厚了，表达就更流畅了，真是"腹有诗书气自华"。

　　我很高兴，"三轨三型·深阅读"不仅打开了孩子阅读的大门，更让学生具备了自主阅读和项目研究的能力。它形成了深阅读的课程体系，让阅读更系列化。因为它，我们都在改变着，诗歌让我们变得更灵动和飘逸，故事让我们变得更有想象力，剧本让我们变得更感性和生动……阅读融洽了师生的感情，提升了师生的品味，收获了增长见闻的快乐，也丰富了我们每一个人的内心，让我们的生活阅历更精彩。

　　至今，我也没有停下阅读研究的脚步。2019 年，我又把孩子们的阅读往国学之路上引领，带着孩子们从国文、国艺、国技、国礼四个维度，对天文地理、艺术国粹、戏剧文化等多角度阅读，让孩子们在庞杂的国学天地里进行专业的阅读，得到美的熏陶、文化的洗礼。2021 年，我想着应该把这些研究所得与大家分享，便又一次潜下心来，整理自己的思绪，写下自己的第一本拙作《打开儿童阅读的新世界》。

　　欢迎所有关爱着我，也同样爱着阅读的同仁们，批评指正！

章桂芳

图书在版编目（CIP）数据

打开儿童阅读的新世界 / 章桂芳著. –– 杭州：浙
江大学出版社，2021.12
ISBN 978-7-308-21741-5

Ⅰ.①打… Ⅱ.①章… Ⅲ.①阅读课—教学研究—小
学 Ⅳ.①G623.232

中国版本图书馆CIP数据核字（2021）第182784号

打开儿童阅读的新世界

章桂芳　著

责任编辑	曲　静	
责任校对	杨　茜　张振华	
封面设计	周　灵	
出版发行	浙江大学出版社	
	（杭州天目山路148号　邮政编码：310007）	
	（网址：http://www.zjupress.com）	
排　　版	浙江时代出版服务有限公司	
印　　刷	杭州钱江彩色印务有限公司	
开　　本	880mm×1230mm　1/32	
印　　张	10.5	
字　　数	198千	
版 印 次	2021年12月第1版　2021年12月第1次印刷	
书　　号	ISBN 978-7-308-21741-5	
定　　价	45.00元	